平凡社新書
893

経済学者はこう考えてきた

古典からのアプローチ

根井雅弘
NEI MASAHIRO

HEIBONSHA

経済学者はこう考えてきた●目次

第五章　自伝を読む

はしがき

本書は、経済思想史家の立場から経済学の初歩を説いた入門書です。経済学の入門書はたくさんありますが、ふつうは理論経済学者が書いているので、ミクロ経済学とマクロ経済学の初歩を教えるというコンセプトで書かれたものが多いと思います。そこに書かれている内容は、その後の経済学の勉強に必要なものばかりなので、早い段階でしっかりと身につけてほしいものです。しかし、私は経済思想史家として、別の形での入門書もあり得るのではないかと思ってきました。

私なりに構想した本書の大まかな内容は次の通りです。まず、「資本主義とは何か」について思索した偉大な経済学者を三名（マルクス、ケインズ、ハイエク）取り上げ、彼らが今日私たちが生きている資本主義社会というものをどのように捉えていたかを、原典に即して解説します（第一章）。

　次に、第二次世界大戦後、経済学という学問がどのように教育されてきたかという一章を設けました（第二章）。「経済学の制度化」が普及して以来、現在では、ミクロやマクロの教科書を通じて経済学を学ぶのが一般的となっていますが、いまの学生は、昔どのような教科書が使われていたのかを知らないのがふつうです。しかし、採用されている教科書の変遷は、経済学の発展と軌を一にしているので、この章の内容が頭に入っていれば、現代経済学の位置づけがより明確に理解できるようになるはずです。

　一方、経済思想史家としては、どうしても経済学の教科書には取り上げにくいけれども、決して無視できない影響を及ぼしている経済学者がいることも知ってもらいたいと思いました（第三章）。取り上げたのは、シュンペーター、ガルブレイス、ミンスキーの三名ですが、彼らの名前は知っていても、その学説が正確に理解されていないという点では共通しています。

　経済学を学ぶにつれて、それなりにこの学問についての知識が増えていきますが、実は、同じ「経済学者」という言葉で括《くく》られていても、その人を他の誰かと比較することによって思想や学説の違いがより明確になるということがよくあります。そこで、「経済学者の思考法を比較する」の一章を設けて、対照的な経済学の比較を試みることにしました（第四章）。取り上げたテーマは、「マーシャルとワルラス」「ケインズとカレツキ」「シュンペーターとケインズ」の三つです。どの名前も経済学史上に名を残す偉大な経済学者ばかりです。

経済学を教科書で学んでいると、図や数式がたくさん出てきますが、なかには、経済学者の人となりに関心のある学生もいるでしょう。私は、そういう学生には、自伝を読むようにすすめています（第五章）。すべての経済学者が自伝を書いているわけではありませんが、ここでは、興味深い自伝を書いてくれた、ワルラス、ミル、ロビンズの三名を取り上げています。必ず、教科書で学んだそれぞれの経済学者のイメージとは違った、意外な一面をみることができるでしょう。

最後に、自分の経験をもとに、付録として「読書案内」を書いてみました。といっても、経済学だけに限られるものではなく、あくまで私の経験に基づいているので、万人にすすめられるものではないと思います。しかし、どのような経緯で経済学を含む学問に関心をもったのか、どのような勉強をしてきたのか、ひとりの経済思想史家の記録として参考にして下さい。

経済学の世界は多様です。というと、よく誤解もされますが、現代のスタンダードである経済学を扱った教科書の内容は隅々まで頭に入れなければなりません。その上で、「スタンダード」には収まり切らない経済学にも目を向けて下さい。順序は決して逆であってはなりません。そうしなければ、経済学の主流と反主流の意味も、多様な経済思想の意義も正確につかめなくなるからです。その点だけは忘れずに一読して下されば幸いです。

二〇一八年八月一日

根井雅弘

第一章

資本主義とは何か

かつて経済学を初心者に教えようとするとき、「スミス」「マルクス」「ケインズ」などの古典を読め、とすすめる大学教授がいたものでした。初心者がいきなり古典を読んでも、ほとんど理解できない場合も多いので、経済学教育の制度化が進んで、「ミクロ経済学」「マクロ経済学」の標準的な教科書が用意されるにつれて、いつの間にか、古典を読む教育法は廃《すた》れてしまいました。

それ自体は時代の流れなので仕方のないことですが、教科書を読むだけでは学び切れないことがあるのも事実です。「資本主義」とはどのような経済システムなのかを理解することもその一つでしょう。二〇世紀末のベルリンの壁の崩壊後、社会主義経済が雪崩を打って崩壊していったので、私たちが生きている経済が資本主義であることがあまり意識されなくなりました。

「敵」を打ち負かした資本主義は、まもなく「市場原理」をあらゆる分野に浸透させていきましたが、世紀も変わる頃、予想以上に先進各国で富と所得の不平等が進行している事実が明らかになりました（例えば、橘木俊詔『日本の経済格差』岩波新書、一九九八年を参照）。その行き着く先が、『21世紀の資本』（原著は二〇一三年刊行）という「マルクス」を彷彿させるタイトルの著書のなかで、再び富と所得の不平等という問題に切り込み、欧米の経済論壇を席巻した「ピケティ旋風」でした（トマ・ピケティ『21世紀の資本』山形浩生ほか訳、みすず書房、二〇一四年）。まだ記憶に新しいでしょう（ただし、ピケティは決してマルクス主義者ではなく、分析手法はスタンダードな経済学のそれを踏襲しています）。

二〇一七年は、マルクスの『資本論』第一巻（一八六七年）が出版されてから一五〇年という記念の年に当たっていたので、思想史関係の雑誌が特集を組んだり、学会で共通論題になったりしましたが、私は、初学者にマルクスを教えるときは、初期の『経済学・哲学草稿』を読んでみるようにすすめています。初学者がいきなり『資本論』を読んでも、途中で挫折する可能性が高いからでもありますが、『経済学・哲学草稿』には、「疎外された労働」を軸にした初期マルクスの資本主義観が明瞭に表現されているように思えるからです。

一　疎外された労働――マルクス

私たちは資本主義という経済体制のなかで生きていますが、ふだん何気なく毎日を送っていたり、あるいはあまりに多忙で深く物事を考える暇もなかったりすると、「資本主義の本質」とは何かという哲学的な問題を避けて通りがちです。しかし、カール・マルクス（1818-83）は違いました。

もちろん、マルクス以前にも、アダム・スミス（1723-90）からデイヴィッド・リカード（1772-1823）を経てジョン・スチュアート・ミル（1806-73）へと流れてきたイギリスの古典派経済学の伝統がありました。「経済学の父」とも呼ばれるスミスは、産業革命前夜のイギリスで活躍しましたが、『国富論』の冒頭に国民の年々の労働こそが「富」を生み出すのだと宣言しました。ここで、「富」とは、スミス以前に勢力をふるった「重商主義」では「貴金属」と等置されていたので、人間の労働が生み出した生活の「必需品と便益品」（つまり「消費財」のこと）こそが「富」なのだというスミスの労働価値説の考え方は、当時としては、画期的なものでした。

しかし、マルクスは、古典派経済学（とくに、リカード）から多くを学びながらも、それに満足できませんでした。なぜなら、古典派は、「私有財産」という制度を当たり前のように前提していたからです。

「国民経済学は、私有財産という事実から出発する。が、それがいかにして成立したかを説明はしない。私有財産が現実にたどる物質的な過程を一般的・抽象的に定式化し、それを法則と見なす。国民経済学はこの法則を概念的に把握しないし、法則が私有財産の本質からどう出てくるかを説明しない。」（『経済学・哲学草稿』長谷川宏訳、光文社古典新訳文庫、二〇一〇年、89～90ページ）

では、マルクスがみた当時の「目の前の事実」とは何だったのでしょうか。労働者は、スミスが説いたように、分業による労働生産性の上昇や資本の蓄積が可能にした「豊かさ」の分け前に与《あずか》っていたのでしょうか。ところが、マルクスは、まさにその逆こそが事実であると言うのです。

「……大きくまとめると、労働者は労働の生産物にたいし疎遠な対象として関係する、と表現できる。この前提から出てくる明白な帰結は、労働者が苦労すればするほど、かれが自分のむこう側に作り出す外的な対象世界の力が大きくなり、逆に、かれ自身の内面世界は貧しくなり、かれ自身の所有物は減少する、ということだ。宗教でも同じことが起こるので、人間が多くを神にゆだねればゆだねるほど、人間のもとにあるものは少なくなる。労働者は自分の生命を対象に投入する。と、その生命はもはやかれのものではなく、対象のものとなる。労働者の活動が大きくなればなるほど、労働者は対象を失うことになる。労働の生産物はかれのものではない。生産物が大きくなればなるほど、かれ自身は小さくなる。生産物の形を取った労働者の外化は、かれの労働が対象となり外的存在となるという意味をもつだけでなく、それがかれの外に、かれから独立した疎遠なものとして存在し、独立した力としてかれに立ちむかうようになることを、いいかえれば、かれが対象に投入した生命が疎遠なものとしてかれに敵対することを意味する。」(『経済学・哲学草稿』、前掲、93〜94ページ)

マルクスは、このような現実を「疎外された労働」という言葉で概念化しました。マルクスによれば、労働は幾重にも疎外されています。——第一に、労働の生産物は、私的所有制のもとでは、それを生み出した労働者のものにはならず、彼から「独立した疎遠なもの」として存在し、「独立した力」として彼に対立している(「労働生産物からの疎外」)。第二に、生産物を生み出す労働は、「自由意志」に発したものではなく、「強制労働」なので、労働者は労働によって自己実現の喜びを味わうことができない（「労働からの疎外」）。第三に、労働は、本来、生命活動の「類的性格」（その本質とは、活動が自由で意識的であること）をもっていたにもかかわらず、「疎外」によって労働が「肉体的生存の維持」のための手段に堕してしまう（「類的存在からの疎外」）。第四に、右のような疎外の結果として、「人間の人間からの疎外」が生じると。

マルクスは、とくに難解なことを言っているわけではありません。要は、私的所有制の本質が「疎外された労働」にあるということなのです。『経済学・哲学草稿』は、長谷川宏氏の名訳によって非常に読みやすくなったので、もう少し読んでみましょう。

「労働生産物が労働者のものではなく、疎遠な力として労働者に対立するのだとすれば、それは、労働者の外部に身を置く他の人間に属すると考えるほかはない。生産活動が労働者にとって苦痛だとすれば、その活動は他の人間に享受され、他の人間の生命の喜びとなっているにちがいない。人間を支配するこの疎遠な力になりうるのは、神々でも自然でもなく、人間しかない。

人間の自分自身との関係は、人間の他の人間との関係を通じて初めて、対象化され現実化される、という以前に掲げた命題を想い起こしてほしい。自分の労働の対象化された生産物にたいして、人間が疎遠な、敵対的な、威圧的な、自分とは独立した対象として関係するとき、その関係の意味するところは、疎遠な、敵対的な、威圧的な、自分とは独立した他人が、この対象の主人だということだ。人間が自分の活動を不自由だと感じているとすれば、そのときその活動は、他人に奉仕し、他人の支配下にあり、他人に強制され拘束される活動となっているのだ。」（『経済学・哲学草稿』、前掲、106〜107ページ）

ここには、プリミティブな形ながら、資本家階級（ブルジョア階級）と労働者階級（プロレタリア階級）という二大階級の対立が示唆されていますが、マルクスがこのような「ヴィジョン」を「経済分析」として完成するのは『資本論』を待たねばなりませんでした。『資本論』を詳細に解説する余裕はありませんが、「資本による労働の搾取」という一点に絞ればそれほど困難ではありません。

マルクスは、古典派の労働価値説を徹底的に追究することによって、独自の剰余価値論にたどり着きました。——ある種の使用価値をもつ商品が他の種の使用価値をもつ商品と交換される。そこには、それぞれの商品を相互に比較するための共通のものがあるはずだ。それは「労働生産物」という属性だが、それはさらに突き詰めると、「人間労働力」の支出の凝固物にほかならないと。

マルクスは、テーブルや椅子のような具体的なモノを作る労働を「具体的有用労働」、人間労働力の支出を「抽象的人間労働」と呼んでいますが、前者が商品の「使用価値」を、後者が商品の「価値」を生み出すと考えました。それゆえ、商品は、使用価値と価値の統一物として把握されることになります。

抽象的人間労働が商品の価値を生み出すというとき、その労働は労働時間によって測られますが、一時間の単純作業と一時間の複雑な作業では労働の質が異なります。マルクスは、この問題を、「単純な平均労働」とその数倍された労働に分けて考えています。したがって、商品の価値が投入された抽象的人間労働によって決まるというとき、マルクスは、その労働量には、「平均的に必要な、または社会的に必要な労働時間」をとっています。

次に、マルクスは、私的所有制のもとでの商品生産の特徴を縦横に論じていますが、枝葉末節をすべて切り捨てれば、要はこういうことを言っています。——私的所有制が貫徹した社会では、人と人のあいだの社会的な結びつきは、商品と商品、または商品と貨幣の交換によって初めて表われる。つまり、この社会では、人間ではなく、商品や貨幣が社会的な力をもっているということだ。しかし、商品や貨幣は、もともと人間が創り出したものではなかったのか。それにもかかわらず、商品や貨幣が社会の主人公になり、人間がそれに支配されていると（いわゆる「物神崇拝」）。

私的所有制のもとでは、労働力もまた「商品化」の対象になります。マルクスは、そのための前提として、二重の意味で自由な労働者が存在していることを挙げています。つまり、近代の労働者は一面では自由な人格をもっていながら、他面では生産手段の所有からも自由（生産手段をもたない）だということです。したがって、労働者が生きていくには、自分自身で自由に処分できる労働力を商品として売る以外にありません。商品としての労働力を購入するのは、生産手段を所有する資本家ですが、彼の目的は、資本としての貨幣を増殖させることです。マルクスは、これを$G-W-G'$と表現しています（Gは貨幣、Wは商品、$G'=G+\Delta G$はより多くの貨幣を意味しています）。

商品としての労働力は、他の商品と同じように、価値法則に従って交換されます。つまり、労働力の価値は、それを再生産するのに必要な労働時間によって決まるということです。しかし、留意すべきは、労働力を価値通りに手に入れた資本家が、その労働を自由に処分できるようになることです。ここに、「剰余価値」が生まれる秘密が隠されています。

いま、一日の労働時間が10時間だとしましょう。このうち、労働力の価値を再生産するのに必要な労働時間（これを「必要労働時間」という）が7時間だとすると、必要労働時間を超える残りの労働時間（これを「剰余労働時間」という）は3時間となります。つまり、資本家は、労働力という商品をその価値通りに購入はするのですが、その労働をどう処分するかは自由なので、労働者に剰余労働を課し、それによって剰余価値を手に入れることができるのです。

マルクスは、右に述べたことを、次のように図式化しています。

$$G - W \left\langle \begin{matrix} A \\ P_m \end{matrix} \right. \cdots P \cdots W' - G' \; (= G + \Delta G)$$

マルクスは、ここで、資本を「不変資本」cと「可変資本」vに分けます。不変資本とは生産手段に転換される資本部分で、生産過程において価値が不変なのでそう呼ばれています。それに対して、可変資本は労働力に転化された資本部分で、生産過程において価値が変わるのでそう呼ばれます。とすれば、生産過程によって生産された新商品の価値W´は、生産手段の移転価値を表わすcと、労働力の価値を表わすvと、労働力によって生み出された剰余価値mの合計となります（W´＝c＋v＋m）。そして、労働力の価値に対する剰余価値の比率m/vを「剰余価値率」と呼んでいます（これは、剰余労働時間／必要労働時間に等しい）。

剰余価値を増やすには、二つの方法があります。一つは、労働日の延長による方法で、「絶対的剰余価値」の生産と呼ばれます。例えば、一日の労働時間が10時間（そのうち必要労働時間が7時間、剰余労働時間が3時間）だとすると、必要労働時間はそのままで、剰余労働時間を1時間延ばして4時間とする（一日の労働時間は11時間となる）ことによって生産されます。もう一つは、労働生産性の向上に伴い必要労働時間が短縮されることによって生まれる「相対的剰余価値」の生産です。それは、例えば、生産性の向上によって必要労働時間が7時間から6時間に短縮され、一日の労働時間10時間に占める剰余労働時間が、3時間から4時間へと相対的に増大することによって生まれるものです。

しかし、絶対的剰余価値の生産には明らかに限界があります。労働者を一日24時間働かせることは不可能だからです。それゆえ、資本家は、ある段階から、労働生産性を向上させるような優れた技術や機械を積極的に導入することによって、相対的剰余価値の生産に専心するようになるでしょう。資本家が手に入れた剰余価値を資本に追加することを「資本の蓄積」と呼びますが、資本の蓄積過程は、資本家の間で熾烈な競争が展開されるときでもあるわけです。

マルクスは、不変資本cの可変資本vに対する比率c/vを「資本の有機的構成」と名づけましたが、資本の蓄積過程は、資本の有機的構成の高度化を必然的に伴います（c/vの上昇）。利潤率rは、$\frac{m}{c+v}$と定義されますが、剰余価値率m/vが一定ならば、c/vの上昇とともに下落していくでしょう（言葉でいえば、利潤率は資本の有機的構成の高度化とともに長期的に下落していく傾向があるということ）。なぜなら、

$$r=\frac{m}{c+v}=\frac{\frac{m}{v}}{1+\frac{c}{v}}$$

だからです。

資本の有機的構成の高度化とは、見方を変えると、不変資本と比較して可変資本が相対的に減少していくことなので、労働者の雇用は減り、相対的な過剰人口を生み出すでしょう。しかし、マルクスは、相対的に過剰な労働人口は、資本の蓄積過程の産物であるばかりでなく、資本蓄積の条件でもあると考えます。というのは、資本というのは、景気の波に応じていつでも自由に処分できる過剰労働人口のプール(「産業予備軍」と呼ばれる)を必要としているからだと。産業予備軍がつねに存在することは、労働者の賃金や労働条件に悪影響を及ぼし、彼らの貧困を生み出していきます。

しかし、労働者階級の貧困化は、次第に資本家階級との対立を激化させる一方で、資本の蓄積過程に伴う生産手段の集中と労働の社会化は、ある段階で資本主義的生産様式と相容れなくなり、それ自体を止揚せざるを得ないでしょう。『資本論』第一巻は、こうして、資本主義が崩壊していく客観的メカニズムを解明しました。

マルクスの『資本論』を簡単に要約してしまうと、かえって原典を読み通す醍醐味がなくなってしまうかもしれませんが、資本主義が崩壊するという結論部分に対する賛否は別として、それが学界ばかりでなく、世界中の社会主義運動にきわめて大きな影響を与えたことだけは否定しようのない事実です。一九世紀末から二〇世紀にかけての思想史上の動きは、マルクス抜きでは正確に理解できないといっても過言ではありません。

二　有効需要の原理――ケインズ

マルクスの『資本論』が資本主義崩壊の客観的な論理を解明した古典だとすれば、ケインズの『雇用、利子および貨幣の一般理論』（一九三六年）は、好況と不況という景気の激しい波を和らげ、マクロの経済安定を図る「有効需要の原理」を確立した古典だと言ってもよいと思います。

ケインズの『一般理論』は、一九三〇年代の大恐慌の産物でしたが、当時は多くの国で生産設備が遊休し、失業者が街にあふれていたので、もしそのまま放任していたら、資本家と労働者の対立が激化し、マルクスが説いたように、資本主義という体制自体が崩壊していたかもしれません。

ケインズによれば、有効需要は、国内に限れば、消費需要と投資需要から構成されますが、この二つが不足すると、働く意思がありながら職にありつけない「非自発的失業者」が生じます。それゆえ、失業対策としては、この二つを増大させることが基本となります。消費を奨励するための減税、投資を増やすための低金利や公共投資、これがふつうに「ケインズ政策」と呼ばれるようになりました。ただし、政府が有効需要を支えるために対策を講じるといっても、それはマクロの話で、ミクロの経済主体（消費者や企業）の意思決定に「介入」することは全く考えられていませんでした。ケインズは、『一般理論』の最終章「一般理論の誘う社会哲学——結語的覚書」において、次のように述べています。

「上述した理論は他のいくつかの側面ではその含意においてある程度は保守的である。というのは、この理論は現在個人の創意工夫に委ねられている事柄でもなにがしかの中央統制を打ち立てることがきわめて重要になると説きながら、他方ではそれに左右されない広範な活動領域があると説いているのだから。国家は消費性向に対して、一部は課税方式により、また一部は利子率を固定化することにより、そして一部はおそらく他の諸方策によって、主導的な影響力を行使しなければならなくなるだろう。さらに、最適な投資率を決定するうえで、銀行政策の利子率に対する影響力はただそれだけでは十分であるとは思われない。それゆえ私は、完全雇用に近い状態を確保するには投資を多少なりとも包括的な形で社会化するより他に途はないと考えている。とはいえ、公共当局が民間の創意工夫を活かそうとして行う妥協と工夫をことごとく排除してしまう必要はない。けれどもその先を行って、社会の経済生活をほぼ包み込んでしまう国家社会主義まで来ると、それを是とする明確な論拠は全く存在しない。国家が引き受けるべき重要な役目は生産手段の所有ではない。生産手段の拡大に振り向ける資源の総量を決め、そして生産手段の所有者に対する基本的な報酬率を決めることができたら、それで国家の仕事は終わりである。そのうえさらに、〔生産手段の〕社会化に必要な諸策を、漸進的に社会の全般的な伝統を破壊しないような形で導入することも可能である。」（『雇用、利子および貨幣の一般理論』間宮陽介訳、下巻、岩波文庫、二〇〇八年、１８６～１８７ページ）

ケインズは、慎重に言葉を選びながら語りかけています。——政府が最小限の責務（国防、司法行政、公共事業）しか果たさないような「古典派」（ケインズの意味では、「新古典派」を含む）の自由放任主義の時代は過ぎ去った。大量失業を除去あるいは未然に回避するには、政府がマクロの消費需要や投資需要（あわせて総需要ともいう）を適切に管理しなければならない時代が到来した。だが、総需要管理を政府の「アジェンダ」に加えることは、「古典派」を全否定するのではなく、総需要管理が成功し、完全雇用に近い状態を実現するならば、「古典派」の資源配分機能は再び有効に働き始めるだろうと。

このような思考法は、第二次世界大戦後、アメリカの経済学者ポール・A・サムエルソン（1915-2009）が「新古典派総合」として定式化したものとほぼ同じですが、その思想的源泉はケインズにあったのでした。ケインズは、次のように言っていました。

「広く受容されている古典派経済理論をわれわれが批判するのは、それが分析上の論理的欠陥をもっているからではなく、その暗黙の仮定がめったにあるいは全く満たされず、その結果、現実世界の経済問題を解決することができないからである。中央統制が功を奏して、可能な範囲でほぼ完全雇用に近い総産出量を確立できたなら、そのとき以降、古典派理論はふたたび面目を取り戻す。産出量が与えられている、すなわち産出量が古典派の思考図式の枠外の諸力によって［すでに］決定され［てい］る場合には、古典派の分析に異存のあろうはずがない。具体的に何を生産するか、それを生産するために生産要素をどのような割合で結合するか、それらのあいだに最終生産物価値をどのように分配するか――こうしたことを私的利己心がどのように決定するかについての分析はそのままの形で成り立つのである。あるいはまた、われわれは節倹の問題を〔古典派とは〕別のやり方で扱ってきたが、それにもかかわらず、完全競争、不完全競争のそれぞれにおいて、個人の利益と社会の利益がどの程度一致するかについての現代の古典派理論には何も異存はない。要するに、消費性向と投資誘因のあいだの調整を中央統制によって行う必要がある場合を除くと、これまで以上に経済生活を社会化するいわれはないのである。」（『一般理論』、前掲、下巻、187〜188ページ）

さて、ケインズは、このような経済思想を、『一般理論』のなかでどのようにモデル化したのでしょうか。ケインズは『一般理論』を、「短期」（人口・資本設備・技術が所与の意味）の想定をおくことから始めています（『一般理論』の詳しい解説については、拙著『ケインズを読み直す――入門現代経済思想』白水社、二〇一七年を参照のこと）。

ケインズの直観は、産出量（または「国民所得」といってもよい）Yは社会全体の有効需要によって左右されるというものでした。国内に限れば、有効需要は消費需要Cと投資需要Iから構成されます。このうち、CはYの安定的な関数と仮定されている（Yの増加とともにCも増えるが、Cの増加はYの増加には及ばない。ケインズの用語では、「限界消費性向」ΔC/ΔYが1より小さい正の値をとること）ので、Iが決まればYも決まることになります（「乗数理論」）。

次に、Iはどう決まるかといえば、それは利子率rと「資本の限界効率」（ケインズの用語ですが、予想利潤率を意味する）mの関係によって決まります。すなわち、rとmを比較衡量し、r<mならば投資を拡大、r>mならば投資を縮小することによって、最終的に、r＝mとなるところまで投資をおこなうと。

最後に残ったのはrですが、ケインズは、それを中央銀行が決める貨幣供給量Mと流動性選好Lの関係で決まると考えました（「流動性選好説」）。Mと比較してLが強いならば利子率は高くなり、逆ならば利子率は低くなるでしょう。

ケインズ体系は、右のように、乗数理論と流動性選好説という二つの柱に支えられています。『一般理論』が分析の対象にしたのは一九三〇年代の大不況ですが、これは次のように解明されます。――将来に対する不安が拭えないとき（ケインズの言葉では、「不確実性」が強いとき）、人々は貨幣を手元に置いておこうとする欲求が強くなるので、そのような流動性選好（ここでは、貨幣に対する需要とほとんど同じ意味）と貨幣供給量との関係で決まる利子率が相対的に高くなる。相対的に高い利子率は、資本の限界効率との関係で投資を決定するが、不確実性が強い場合、資本の限界効率が弱気に見積もられるので、投資量は低い水準に決まる。投資量が少ないと、乗数理論に従って、産出量も低い水準に決まる。短期の想定のもとでは、産出量と雇用量のあいだには一義的な関係があるので、雇用量も低い水準に決まる（非自発的失業の発生）。

それゆえ、失業者を減らすには、中央銀行が貨幣供給量を増やす努力をし、流動性選好との関係で決まる利子率を低めに誘導する。だが、たとえ利子率が下がっても、不確実性が強いとき、資本の限界効率が低く予想されるので、投資は必ずしも増大しない可能性がある。その場合は、政府みずからが公共投資をおこなって、有効需要を支えなければならない。そうすれば、投資量が増えるので、乗数理論によって産出量も増えるだろうと。

このようにエッセンスだけを取り出してみると、古典の醍醐味は減るので、せめてケインズが『一般理論』の核心として、どのようなことを強調したかったのかをみていきましょう。ケインズは、フォーマルには次の五つを指摘していますが、先ほどみたように、短期の想定を置いているので、総供給関数は所与になることに留意して読んで下さい（八つ挙げられているが、六だけはここでの議論と関係ないので省略する）。

「（一）技術、資源、費用の状態を所与としたとき、所得（貨幣所得と実質所得の両方）は雇用量Nに依存する。

（二）社会の所得とそこから消費支出に充てられると期待される額――D_1と記す――との関係は、われわれが消費性向と呼ぶ社会の心理的特性に依存する。すなわち、消費は、消費性向になんらかの変化がないかぎりは、総所得水準、したがって雇用水準Nに依存する。

（三）企業者が雇用しようと決意する労働量Nは、二つの量、すなわち社会が消費支出に充てると期待される額D_1と新規投資に振り向けると期待される額D_2との合計（D）に依存する。Dは先に有効需要と呼ばれたものである。

（四）Φを総供給関数とすると、$D_1+D_2=D=\Phi(N)$、そして上記（二）で見たように、D_1は消費性向に依存するNの関数――$\chi(N)$と書いてよい――であるから、

$\Phi(N)-\chi(N)=D_2$となる。
（五）それゆえ、均衡雇用量は、（イ）総供給関数Φ、（ロ）消費性向χ、および
（ハ）投資額D_2、に依存する。これが雇用の一般理論の核心である。」（間宮陽介訳、
『一般理論』上巻、41～42ページ）

（五）に総供給関数が出てきますが、短期の想定のもと、それは所与なので、総所得は消費性向と投資額がわかれば決定されることになります。しかし、こうして決まった総所得は必ずしも完全雇用に対応したものではないかもしれません。ところが、古典派の思考法に従えば、つねに総供給と総需要が等しくなり、完全雇用が実現されるということになります。ケインズは、まさにその点を突きました。

「（七）古典派理論においては、Nのすべての値について$D=\Phi(N)$が成立し、雇用量は、それがその最大値を超えさえしなければ、Nのすべての値について中立均衡の状態にある。だからこそ企業者のあいだの競争の力が雇用量をこの最大値にまで押し上げると期待されているのである。古典派理論では、この点でのみ、安定均衡が存在

しうることになる。

（八）　雇用が増えるとD_1も増えるが、その増え方はDほどではない。なぜなら、所得が増加すると消費は増えるが、その増え方は所得ほどではないからである。現実問題への鍵を握るのはこの心理法則である。というのも、この心理法則があるために、雇用量が増えれば増えるだけ、その生産物の総供給価格（Z）と企業者が消費者の支出から取り戻せると期待できる総額（D_1）との開きはますます拡大していくことになるからである。だから、消費性向になんら変化がないとしたら、同時にD_2も増えて、ZとD_1の拡大していく開きを埋め合わせるのでないかぎり、雇用を増加させることはできない。こうして、雇用が増えるときはいつでも、ZとD_1の拡大する開きを埋めるに十分なだけD_2を増大させるなんらかの力がはたらくという古典派理論の特殊な仮定に立脚しない場合には、完全雇用以下の水準、すなわち総需要関数と総供給関数の交点で与えられる水準Nで、経済体系が安定均衡状態に入る可能性も出て来るのである。」（『一般理論』、前掲、42〜43ページ）

ケインズの有効需要の原理は、「供給がそれみずからの需要を創り出す」というセイの法則に立脚しているがゆえに、総供給はつねに総需要と等しく、完全雇用が常態であると仮定している古典派理論と鋭く対立するものでした。もちろん、古典派理論でも、現行の賃金率では働かないことを選択する「自発的失業者」や、産業間の労働者の移動がスムーズにいかないという調整不足から生じる「摩擦的失業者」がいることは容認されていましたが、ケインズが救おうとしたのは、働く意思がありながら有効需要の不足によって職にありつけない「非自発的失業者」なので注意が必要です。

ケインズの「古典派」という言葉遣いは実在した古典派経済学者に対して公正を欠いているという批判があり、その一部は確かに当たっていますが、完全雇用という状態が稀にしか実現しないにもかかわらず、それを暗黙裡に仮定している理論に対する批判としては有効に働いたように思います。『一般理論』の書き出しの文章を改めて読んでみましょう。

　「私は本書を『雇用、利子および貨幣の一般理論』と名づけた。一般という接頭辞に力点をおいてである。このような表題を付したのは、私の議論と結論の性格を、同じ主題をめぐる古典派の理論——私を育み、そして過去一〇〇年がそうであったように、現代においても、統治階級と学者階級の経済的思考を理論、実践の両面において支配している古典派理論のそれに対比させるためである。古典派理論の公準が妥当するのは特殊な事例のみで一般的には妥当せず、その想定する状態はおよそ考えうる均衡状態の中の極限状態であると主張するつもりである。それればかりか古典派理論の想定する特殊な事例はあいにくわれわれが現実に生活を営んでいる経済社会の実相を映すものではない。それゆえ古典派の教えを経験的事実に適用しようとするならば、その教えはあらぬ方向へ人を導き、悲惨な結果を招来することになろう。」(『一般理論』、前掲、5ページ)

ケインズの経済理論を詳細に解説することは本書の趣旨ではないので専門書に譲りますが、その社会哲学的含意が、個人主義や自由主義を否定することではなく、政府機能の拡張(総需要管理の追加)によって非自発的失業者をなくし、社会不安を鎮めることを通じて、個人主義や自由主義の精髄を守ることにあったことを繰り返しておきます。ケインズ自身も、『一般理論』の最終章のなかで何度も同じ趣旨の文章を書いています。

「中央統制によって完全雇用を確保するためには、もちろん、伝統的な政府の機能を相当拡張しなければならない。現代の古典派理論もまた、経済諸力の自由ゲームが規制や管理を受けなければならない場合が多々あることにみずから注意を促している。しかしそれでも、民間の創意工夫と責任を用いるべき広範な領域が残されている。この領域の内部では、個人主義の伝統的利益はやはり健在なのである。

……意思決定と自己責任の分権化がもたらす利益は、おそらく、一九世紀に考えられていたよりは、今日のほうがいっそう大きい。利己心に訴えかけることへの反動は行きすぎていたかもしれない。だがなんといっても、個人主義は、その欠陥を取り除け濫用を慎む場合には、他のどのような体制よりも自己選択を行使する領域を大幅に拡大するという意味で、個人的自由の最良の守護者だということである。それはまた生活の多様性の最良の守護者でもある。生活に多様性が生まれるのはまさしくこの拡大した自己選択の領域のゆえであり、多様性の喪失こそは同質的あるいは全体主義的な国家が喪失するものの中の最たるものだからである。なにしろこの多様性というものは、いまに至る諸世代の最も確かで最も成功した選択を体化した伝統を保持し、それが織りなす多様な空想で現在に彩りを添え、しかもそれは伝統や空想の侍女であるとともに実験の侍女でもあり、将来をより良きものにするための最強の道具なのだ。

それゆえ、消費性向と投資誘因とを相互調整するという仕事にともなう政府機能の拡大は、一九世紀の政治評論家や現代のアメリカの金融家の目には、個人主義への恐るべき侵害だと映るかもしれないが、私はむしろそれを擁護する。現在の経済体制が全面的に崩壊するのを回避するために実際にとりうる手段はそれしかないからであり、同時にそれは個人の創意工夫がうまく機能するための条件でもあるからだ。」（間宮陽介訳『一般理論』下巻、188～190ページ）

「今日の権威主義的な国家体制は失業問題を効率性と自由を犠牲にして解決しているように見える。たしかに、短い活況の時期があるとはいえ今日の資本主義的個人主義と結びついている――私の考えでは不可避に結びついている――失業に、世界はもう耐えられなくなるであろう。しかし、問題を正しく分析することによって、効率性と自由を保ったまま病を治癒することもあるいは可能かもしれない。」（『一般理論』、前掲、191ページ）

三　隷属への道――ハイエク

ケインズの有効需要の原理は、最初、学界の正統派（「新古典派」といってもよい）の執拗な抵抗にあいましたが、一〇年ほどの時間を経たあと、学界や論壇に広く受け容れられるようになりました。第二次世界大戦後の四半世紀は、「ケインズの時代」といってよいほど、多くの先進国でケインズ流の総需要管理政策が採用されたと言ってもよいでしょう。

しかし、ケインズ経済学が黄金時代を迎えるはるか前の第二次世界大戦中から、ケインズ政策とその背後にあるケインズの思想を徹底的に批判し続けたのが、フリードリヒ・A・フォン・ハイエク（1899-1992）です。彼は、「経済的自由」と「政治的自由」は不可分であり、経済の分野で一部とはいえケインズ流の総需要管理を認めてしまうと、次第に「自由」そのものが骨抜きにされ、終《しま》いには「隷属への道」を歩むことになるに違いないと警告しました。ハイエクの名前を有名にした『隷属への道』（初版は一九四四年）において、次のように言っています。

「しかしながら、いまだにほとんどの英国人が気づいていない致命的な事態は、この何十年かに起こった変化が、顕著に巨大な変化であったという点にあるのではなく、実はわれわれの理念と社会のありようをまったく違った方向へと進めるものに他ならなかったという、質的に重大きわまりない事実である。というのも、あの全体主義という恐るべき怪物が現実の脅威となった時点より少なくとも二十五年前から、英国人もまた、欧州の文明がよって立っていた基礎的な理念から、どんどんと離れ始めていたからである。すでに英国人たちもきわめて大きな希望と野心に燃えて踏み出したこの運動こそが、必然的に全体主義の脅威と直面する結果をもたらしたのだという事実は、現代のわれわれにとってきわめて深刻な衝撃である。そのため人々は依然として、その動きと今日の全体主義の発生という二つの事実を結び付けて考えることを拒否し続けている。

しかし、このような事態の発展は、われわれが変わらず信奉しているあの自由主義哲学の創始者たちがかつて発していた警告が、いかに正しかったかを証明するだけのものでしかない。すなわち、彼らは経済的自由なしには個人的自由も政治的自由も存在しえないと教えていたのだが、われわれはその経済的自由を次から次へと放棄してきた。そして十九世紀が生んだ偉大な政治思想家の幾人か、たとえばド・トクヴィルやアクトン卿たちが、「社会主義は隷属を意味する」と警告していたというのに、われわれはその社会主義の方向に、着実に歩みを進めてきたのである。そしてまさしく今、新たな形の隷属体制を目のあたりにしながらも、彼らの警告を完全に忘れてしまっているわれわれは、その二つの事柄――すなわち経済的自由の放棄と隷属体制と――が実は相互に切り離せない関係にある点を、心に思い浮かべることさえしなくなってしまっている。」（『隷属への道』西山千明訳、春秋社、新装版、二〇〇八年、8ページ）

ハイエクは、ケインズ政策のようなマクロ分野での部分的な経済管理でさえ「隷属への道」とつながるとして反対するのですが、自分の主張が「自由放任」（レッセ・フェール）ととられることには警戒的です。ハイエクによれば、たしかに、「自由放任」は特殊な利益を与えることの見返りに政治介入する人たちの主張を押しのけるには好都合だったものの、「自由放任」という言葉が一般に「何もしない」という硬直的な原理だと誤解される恐れがあるからです。ハイエクは、自分の思想が一八世紀以来のイギリスの「自由主義」

（liberalism）を受け継いでいることを誇りにしていましたが、その自由主義も、決して硬直的な教義ではないと何度も繰り返し注意を喚起しています。「真の自由主義者の政策が目指すところは、社会の諸力がうまく動いていくのを助け、必要とあらばそれを補完していくことであり、そのために第一にしなければならないことは、その力自体を理解することであった。言ってみれば、真の自由主義者の社会に対する態度は、園芸師が植物に向かう時のそれに似ている。植物の成長に最高の条件を作るために、園芸師は植物の体質やその機能を、できるかぎり知っておかなければならない。それと同じことが自由主義者にも要求されるのである」と（『隷属への道』、前掲、15〜16ページ）。

それにもかかわらず、ハイエクは、一九世紀的な意味での「自由主義」、つまり国家の干渉からの自由（「消極的自由」と呼ばれる）こそ尊重すべきで、社会主義者が使うような「新しい自由」、つまり国家の干渉を積極的に容認する自由（「積極的自由」と呼ばれる）は危険であるとみなしています。なぜでしょうか。

「……「新しい自由」という約束によって、社会主義者たちが結局のところ言おうとしていたのは、人々の間に存在する選択の範囲の面における大きな格差を、解消しなければならないということであった。つまりは、「新しい自由」への要求とは、富の平等な分配という古くからある要求の、ひとつの言い換えに過ぎなかった。ところが、その主張を「新しい自由」と命名することによって、社会主義者たちは、自由主義者が使用する「自由」という言葉を自分たちの言葉として手に入れ、これを最大限に自分たちの目的のために利用してきた。この言葉は二つのグループの間でまったく異なった意味で使われているというのに、この決定的な違いに気づく人々はほとんどいなかったし、ましてこの二つの異なる自由を理論的に本当に結びつけることができるかを、真剣に考えようとした人も皆無に近かった。

「より多くの自由を」という約束が、社会主義者たちの宣伝活動にとって最も有力な武器の一つとなったことは疑いないし、しかも「社会主義こそが自由をもたらす」という彼らの信念が、本人たちとしては偽りのない真剣なものであったことも、また疑いはない。だが、そうであればあるほど、彼らが「自由への道」だと約束したことが、実は「隷属への大いなる道」でしかなかったと実証された時の悲劇は、より深刻なものとなるのを避けられない。他方、自由主義者たちが次から次へと社会主義の道へおびきよせられていったのは、そして彼らが社会主義と自由主義の基本原理の間に厳然と存在している相克に気づかなくなっていったのは、疑いもなく、この「より多くの自由を」という約束のせいである。さらにその約束のおかげで、社会主義者たちは、かつての自由主義党が使用していたその名前まで横取りすることが、しばしば可能になった。こうして、社会主義は、自由の伝統の疑いもない後継者であるとして、知識階級の大半に受け入れられていくこととなった。その結果、それらの知識人が、社会主義が実は自由とはまったく逆の方向へと人々を導いていくのだという考えを、もはやまったく信じられなくなったとしても、別に驚くべきことではない。」(『隷属への道』、前掲、27～28ページ)

ハイエクは、第二次世界大戦中から、戦後にケインズ主義が普及していけば、のちにポール・A・サムエルソンがいうような「混合経済」(mixed economy)、つまり生産手段は私有されており、民間企業が自由に活動できるという点で資本主義ではあるものの、マクロの分野での経済管理が広範囲に及んでいるような経済体制ができあがることを見越していたのでしょう。しかし、ハイエクは、そのような「中庸」の道がうまくいくとは決して考えていませんでした。

「経済活動に対する統制を完全に中央集権化してしまうという考えは、今でも多くの人々をぞっとさせる。単にそれが途方もなく困難だからということではなく、ただ一つの中央機関によってすべてのことが統制されるという考えそのものが、強い恐怖を抱かせるのである。しかしなお、われわれがそれへ向かって急速に歩んでいるのは、実はいまだに大半の人々が、「原子論的」な競争体制と中央集権的統制の間に「中庸の道」があると信じていることが大きな原因となっているのである。確かに、分別ある人々にとって、われわれの目ざしているところは、自由競争による極端な分権化でも、単一計画による完全な中央集権化でもなく、それらをうまくミックスさせたやり方でなければならないという考えほど、一見もっともらしく、魅力的な考え方はない。だが、少し常識を働かせれば、それが誤りだということは明らかになるはずだ。競争はある程度の規制とは混合して存在しうるけれども、それを計画と好きなだけ結びつけた時でも、変わらず生産への有効なガイドとして働くなどということはありえない。また、計画は、薬と同様、わずかの服用でもそれなりの効き目があるというものでもない。競争も中央統制も、中途半端に用いた時には、無意味で効き目のない道具なのである。一つの問題を解決しようとすれば、どちらかを選ばざるをえない性質の原理であり、まぜこぜに使うと、どちらも機能しなくなり、ずっと一方だけに頼った場合よりも悪い結果しか生まれない。言い方を換えれば、計画と競争は、「競争に対立する計画」ではなく、「競争のための計画」という形でしか、結びつかないのだ。」(『隷属への道』、前掲、48〜49ページ)

ハイエクが「折衷」や「中庸」と呼ばれるような道を拒絶しているのは明白です。経済システムだけを考えてみても、システム内の諸要因は相互依存関係にあるので、そのごく一部だけを中央制御するのは不可能である。それでも中央制御に固執するなら、その部分だけでなく他の部分も中央制御しなければならず、コントロールする範囲が次第に広がっていかざるを得ないでしょう。ハイエクは、同趣旨のことを、分業が高度に進んだ現代経済を引き合いに出して、次のように述べています。

「……自由主義の時代にますます分業が進められてきた結果、人々の活動のほとんどすべてが、社会的プロセスのなんらかの部分を構成するようになってきた。このような発展は、もはや逆転不可能である。なぜなら、この広汎な分業によってのみ、かくも膨大に増加した人口が、現在のような高い生活水準において生きていくことが可能となっているからである。そしてこのような広汎な分業が必須である以上、中央集権的計画が実行されれば、かつて試みられたどんな政策にもまして、人々の生活の大きな部分が中央権力に統制されるようになることは必定である。つまり、いまや人々は生活の大部分を他者の経済的活動に頼っているのであるから、統制がいわゆる経済的活動にとどまるというようなことは、決してありえないのである。」(『隷属への道』、前掲、127ページ)

ハイエクは、現代シカゴ学派の総帥ミルトン・フリードマン(1912-2006)と同じように、経済的自由なくして政治的自由はないと考えています。フリードマンは社会主義批判の根拠をもっぱら「自由市場」ではなく「計画経済」を採用した点に求めますが、ハイエクの批判は、前に触れたように、社会主義者が「経済的自由」の内容を「新しい自由」への要求というように取り違えて、自由主義そのものを否定する道を開いた点に向かっています。

「政治的自由は経済的自由なしでは意味がない、とよく言われる。このことはまったく正しい――ただし、計画主義者たちが言っているのとはまったく逆の意味でのことである。経済的自由は、他のどんな自由にも先立つ前提条件であるが、社会主義者が約束するような「経済的心配からの自由」とはまったく異なっている。後者の自由とは、個人を欠乏から遠ざけると同時に選択の権利からも遠ざけることによって初めて獲得しうるものである。そうではなく、経済的自由とは、経済活動の自由でなければならない。もちろんそれは、選択の権利をもたらすとともに、それにともなう危険や損失、そして責任を、個人に課してくるのだが。」（『隷属への道』、前掲、127～128ページ）

ハイエクの主張は、一昔前と違って、ベルリンの壁の崩壊後に生きる私たちにはある意味で「陳腐」になっているようにも見えます。一〇年ほど前、中国人で現在はアメリカで暮らしている研究者（思想史が専門ではない）から、「日本ではケインズと比較してハイエクの評価が低すぎる」と言われたことがありましたが、「社会主義市場経済」の国の人たちのあいだでさえ、ハイエクの思想が浸透しているのを知ってちょっと驚いたものでした。

しかし、『隷属への道』が出版されたとき、左翼知識人たちを驚愕（激怒？）させたのは、人々が共通の「価値」や「世界観」を抱くようにするには、ある種の「洗脳」が必要であり、社会主義もファシズムも、その点ではきわめて類似しており、どちらも全体主義へと移行せざるを得ないというハイエクの主張でした。私も、大学院生時代に、往年のマルクス主義者から直接そのような話を聞いたことがあります。ハイエクはどんなことを言っていたのでしょうか。

「社会主義者たち、すなわち、後にファシズムという野蛮な嫡子を生み出すことになったあの教養ある親たちは、伝統的にこの問題を教育の力で解決しようと望んでいた。だがはたしてこの観点における教育とは、何を意味するのか。知識は決して新たな倫理的価値を生み出すことはなく、いくら学習したからといって、社会秩序を計画化しようとする際に生じる善悪判断の問題に関して、人々が同じ考えを持つようになるわけではないことは、誰もが知りつくしていることだ。とすれば、ある計画を正しいと思うようになるには、合理的に考えつめてある結論に至るのではなく、ある信条をそのまま受け入れることが必要とされる。そして、まさしく社会主義者は、あらゆる国で、最初にこのことを認めた人々であった。彼らは、自分たちの任務を進めるには、人々の多くが共通の「世界観」、つまり確固とした価値序列の体系を、受け入れるようになることが必須であると認識したのである。そして、単一の世界観に基づく大衆運動を形成しようとする努力の中から、彼らは最初に大衆教化の具体的戦術を編み出したのであり、後にナチスやファシスタはそれらを巧みに利用することとなった。

……子供を小さい頃から政治組織に入れて集団教育し、優秀なプロレタリアを育成しようと始めたのは、ファシストではなく社会主義者であった。フットボールやハイキングといったスポーツやゲームを党のクラブで組織し、メンバーの若者が他の思想で汚染されることがないようにしようと最初に考えついたのも、ファシストではなく社会主義者であった。特殊な挨拶の仕方やお互いの呼び方によって、組織のメンバーが一般人から区別されるようにと最初に主張したのも、社会主義者であった。「細胞」という組織を作り、個人生活を始終監視する方法を工夫して、全体主義的党組織の原型を創出したのも、社会主義者であった。バリラ、ヒットラーユーゲント、ドポラヴォロ、クラフト・ドゥルヒ・フロイデといった親衛隊・青年組織も、政治的制服も軍隊的党組織も、それ以前にあった社会主義党派の制度の模倣を、ほとんど超えるもの

ではなかったのである。」(『隷属への道』、前掲、145～147ページ)

そのような「洗脳」がどういうものであったかは別として、社会主義の思想が魅力的にみえたのは、それを奉じる人たちのなかに、「社会正義」の実現のために本気で一生を捧げた例が決して少なくなかったからでしょう。イギリスの古典派経済学の正統を受け継いだジョン・スチュアート・ミルも一時、社会主義の方向に傾いた時期がありますし、新古典派経済学の大物であったアルフレッド・マーシャルも若き日に社会主義者たちの情熱に惹かれたことがあることを正直に語っています(ミルもマーシャルも、最終的には、社会主義ではなく、資本主義を漸進的に改革する道を選んだが)。

ハイエクも、社会主義者たちが「社会正義」の実現のために尽力したことを決して否定しているわけではありません。しかし、「社会正義」とは何かと突き詰めていくと、ある場合には、「所得の(完全な)平等」であったり、またある場合には「正当な報酬への要求」であったりするものの、それを実現するには想像をはるかに超える「権力の集中」が必要になることを疑問視しています。たしかに、市場メカニズムは無慈悲にも競争ゲームでの「勝者」と「敗者」の格差をつくり出すので、敗者に手を差し伸べることは道徳的にも「社会正義」に燃える人たちに訴えかけるものがあります。しかし、ハイエクは、その方向を進んでいけば、自由とは相容れなくなると主張するのです。

「ある人が、当人の失敗でもないのに、また、熱心な努力と卓越した技術にもかかわらず、所得の大幅な減少に苦しんだり、無残に希望を挫かれたりすることは、もちろんわれわれの正義感からすれば耐えがたいものがある。だから、そういった被害者たちが、不当な仕打ちから救ってくれるよう国家に介入と行動を求めた時、広汎な同情や支持が集まるのは無理のないことである。そして過去に行なわれた、このような要求を実現しようとする試みは、どこの国でも、政府が単に被害者を深刻な困難や窮乏から救うだけにとどまらず、以前と同じ所得を得続けられるよう保障し、市場の変動からも彼らを隔離するために、積極的な行動をとるという結果をもたらした。

しかし、かりにも個人の職業選択の自由が保障されるべきであるならば、一定所得の確保を全員に保障することはできない。また、ある人々に所得の保障をすれば、それは他の人々の犠牲によってのみ可能な特権となり、したがって他の人々の保障は必然的に減少することになる。逆に言えば、一定不変の所得を全員に保障できる唯一の方法は、職業選択の自由を完全に廃止することのみであるということは、容易に理解しうることである。もっとも、正当な所得を全員に保障することは、目標とすべき理想と見なされているものの、真剣に試みられることはないものである。今なされているのは、そういった保障を断片的にこのグループへ、あのグループへと与えることでしかなく、その結果、蚊帳の外の人々はますます不安定な状態へ置かれていくようになるのである。だからこそ、特権としての保障はますます垂涎の的となっていき、人々は争ってこれを求めるようになるのであり、ついにそれを獲得するためにはどんな代償も――自由という代償でさえも――惜しまない、というほどになったとしても、なんら不思議なことではない。」（『隷属への道』、前掲、158～159ページ）

「社会正義」のためには「自由という代償」を払っても構わない。――その行き着く先は、すべてを一つの共通目的の追求のために人々を統制する自由のない社会であると。その「共通目的」を決めるのは、もちろん、権力を握っている者であり、『隷属への道』が出版された一九四四年にハイエクの念頭にあったのは、おそらくヒトラーやスターリンであったでしょう。当時、左翼知識人がそのようなハイエクの主張に驚愕（激怒？）したことは前にも触れましたが、現時点でみれば、ハイエクが真理の一面を鋭く突いていたことは間違いないと思います。

「すべてを制圧する一つの共通目的の前には、一般的な道徳や規範は存在の余地すらない。われわれも、戦時にはある程度までは似たことを経験する。幸いなことに、これまで英国では、戦争や最大級の危機においてすら、全体主義への接近はきわめて抑制されていたし、一つの目的のために他の価値が犠牲にされることもほとんどなかった。しかしそれは幸運な例であって、一般には、数少ない特定の目的だけが社会全体を支配するようになると、時には残酷なことが義務になることも避けられなくなる。人質を銃殺するとか、老人や病人を殺すといった、われわれの感性では耐えられない行為も、目的達成のための方便とみなされてしまう。また、何十万という人々が強制的に居住地から追い立てられ、移住させられたりすることが、当事者以外のほとんどが同意した政策のための単なる手段として実行に移されたり、「子供を生ませる目的のために女性を徴発する」といったような提案が真剣に計画されたり、などといった実に多くのことが避けがたく起きてくる。集産主義者の目には、それらのことを通じて達成される偉大な目的しか見えないのであり、その目的によってすべては正当化されるのである。なぜなら、社会の共通目的の追求にとっては、個人の権利や価値に基づく制限は存在しないのだから。」(『隷属への道』、前掲、194〜195ページ)

「全体主義国家の大衆は、ある理想——われわれには嫌悪感しか抱かせないものであるにせよ——に対して非利己的な献身をしているのであり、その理想こそが今述べたような行為を容認したり、あるいは自ら実行したりするよう大衆をしむけるのである。それゆえ、彼らにはある種の弁護の余地もあろうが、全体主義政策を現実に進めている者たちにはそのことはあてはまらない。そもそも、全体主義国家を運営していく側に立ってその有用なアシスタントとなるためには、ただ単に、種々の不道徳な行為を正当化する理屈を受け入れる覚悟があるというだけでは十分ではない。むしろ、与えられた目的を達成するために必要だと思われるなら、これまで知っていたあらゆる道徳的規範をも積極的に破っていく覚悟がなくてはならないのである。目的を決定するのは最高指導者のみであるから、その道具となって働く人々は、個人の道徳的信念を持つことは許されない。何にもまして要求されるのは、指導者個人に無条件に全存在をゆだねることであり、その次にくることは、どんな原則も持たず、文字通りすべてを実行する用意をしておくということである。自分が実現したいと思う理想も、指導者の意図を妨害するような善悪の考えも、持ってはならない。」（同、195ページ）

ハイエクは、壮年から晩年になるほど、「人間理性の限界」を口にするようになりましたが、その萌芽はもちろん『隷属への道』のなかにもあります。彼が人間理性を過信した例として挙げたのは、すべての秩序を理性によって設計できると考えた大陸の「デカルト主義者」ですが、第二次世界大戦後、経済の分野では、政府による総需要の管理によって雇用を安定させようとしたケインズ主義者たちや、やはり政府の計画によって福祉国家を設計しようとした制度主義者たちも含まれます。

それに対して、一八世紀イギリスのデイヴィッド・ヒュームやアダム・スミスなどの思想家たちは、「理性の限界」を正しく認識し、人間の行為の「意図せざる結果」として秩序が出来上がると考えており、「真」の個人主義や自由主義の流れは、その後絶えることなく現代にまで続いていると主張していました（ハイエクは当然自分もその中に含まれると考えているが、詳しくは、『市場・知識・自由』田中真晴・田中秀夫編訳、ミネルヴァ書房、一九八六年を参照のこと)。ところが、そのような自由主義の正統な流れが、社会主義の思想による「洗脳」を受けた人たちによって破壊されつつある――これが『隷属への道』全体を貫く危機意識といってもよいでしょう。

「異なる知識や見解を持っている個人たちの間における相互作用こそが、思想の生命というものを成り立たせている。人類の理性の成長とは、個人間にこのような相違が存在していることに基礎を置いている社会的な過程なのである。この人類の理性の成長にとって本質的なことは、その成長の結果がどういうものになるかは前もって予測することができず、どのような見解がこの成長を促進したり逆に阻害したりするかということも、われわれは決して知ることができない、という点である。簡単に言うならば、人類がそれぞれの時点で持っている見解がどのようなものであれ、それによって理性の成長を支配しようとすれば、同時に必ずその成長を制約することになる、ということだ。そもそも精神の成長や、それどころか人類の進歩一般でさえ、これを「計画」したり「組織化」したりするというのは名辞矛盾である。人類の精神が「意識的に」それ自体の発展を管理すべきであるという考え方は、次の二つのことを混同している。つまり、あらゆることを「意識的に管理」できる唯一の能力者としてのあの個人的な理性と、そういった理性を成長させる各個人間における相互作用の過程との、混同である。人間の精神を管理しようと試みることは、人間の精神の発展に対する限界を設定する結果に終わるだけで、遅かれ早かれ思想の停滞や理性の衰退を発生させるにちがいない。

集産主義者たちの思想がはらんでいる悲劇は、人類の理性を至高のものとして出発したのにもかかわらず、理性そのものを破壊させてしまう、ということにある。なぜならこの思想は、元来、人類の理性が成長していくにあたって依存している過程がどのようなものであるかに関して、完全に誤った理解をしているからである。まったくのところ、次のようなことを言っていいかもしれない。すなわち、集産主義者たちの教義が「意識的な」管理や「意図的な」計画を要求することによって、実は誰か特定の個人の精神が最高権威者として支配すべきであるという要求へと、必然的に転化してしまうということこそ、あらゆる種類の集産主義者の教義がはらんでいる矛盾である。その一方、社会的諸現象に対する個人主義者たちの分析だけが、人間の理性の成長を誘導している個人を超えた諸力をわれわれに認識させてくれる、と。このように個人主義こそ、上述した社会的過程に対する謙虚な態度であり、また、他の人々が持っている意見に対する寛容の態度であって、社会的過程を包括的に管理せよという要求の根源に存在しているあの知的傲慢とは、正反対の立場に立っているのである。」（『隷属への道』、前掲、２１８〜２２０ページ）

ここまで、私たちは、資本主義の本質について独自の洞察力を示した三人（マルクス、ケインズ、ハイエク）の経済学者をみてきましたが、実は、カリキュラム化された経済学の教育では、このような思想面はあまり重視されていないのが現実です。しかし、私は、このような知識があれば、経済問題について考察するとき、みえない形で私たちの手助けをしてくれるに違いないと信じています。一時代を画した優れた経済理論の根底には必ず「思想」というものがあり、たとえ理論が流行遅れになったとしても、「思想」の生命力はもっと永く続くものだからです。過去三〇年ほどの歴史を振り返ってみても、マルクスやケインズが何度「死んだ」とか「復活した」とか言われたか、正確に数えることもできませんが、ハイエクも戦後少なくとも四半世紀は続いた「ケインズの時代」を生き延びて、現代の保守派の経済学者たちに影響を与え続けました。その意味で、経済学の古典的名著を読む意義は現代でも、少しも減じていないと言ってよいと思います。

［コラム①］マルクスをとるかケインズをとるか

もう数十年も昔の話ですが、経済学部の学生にとってゼミナールを選択するとき、「ケインズをとるかマルクスをとるか」という切実な問題があったものでした。「ケインズ」はやがて「近代経済学」（「近経」と呼ばれた）に置き換えられましたが、わが国の高度成長路線が順調に進んでいた頃、ケインズの名前は近代経済学の代名詞のようなものでした。

その頃、名古屋大学経済学部に塩野谷九十九（1905-83）というケインズの『一般理論』の翻訳者として有名な経済学者がいました。ケインズ研究の専門家なので、大変人気のあるゼミナールで、優秀な学生たちが集まったと言われています。その一人が、のちに講座後継者となり、経済論壇で活躍するようになった飯田経夫（1932-2003）です。その飯田氏が雑談の折に言うには、「当時、ケインズを選ぶか、マルクスを選ぶかは大問題だった。自分も悩んだ末にケインズの塩野谷ゼミを選んだが、友人に〝君もついに資本家の手先になるのか！〟といわれたものだ」と。飯田氏が学生だった一九五〇年代には、マルクス経済学がほかの旧帝大系の大学でも一大勢力を誇っていたのでした。

ケインズはマルクスの書いたものを直接読んだことはなかったと思います。ただ、マルクス理論を解説した本（H・L・マクラッケン『価値論と景気循環』一九三三年）を読み、『一般理論』の第三草稿（一九三三年）のなかで、M-C-M′こそ「貨幣経済」の本質にほかならないと少しだけマルクスに言及したことがあるくらいでした。イギリスのケンブリッジ大学は、アルフレッド・マーシャルのケンブリッジ学派の本拠地で、長いあいだマーシャルの権威が揺るぎないものだったために、ケインズが学生の頃は、「すべてはマーシャルにある」というような雰囲気だったと言われています。おそらく、マルクスを読んでいた学生は、いたとしてもごく少数だったに違いありません。

しかし、ケインズとマルクスは、実は、お互いに何の関連もないほど遠く離れた位置にいたわけではありません。第四章で触れるように、ケインズの「有効需要の原理」の同時発見者と現在は評価されているポーランドの経済学者ミハウ・カレツキは、マルクスの再生産表式をヒントにケインズと同じような「原理」を発見したのでした。シュンペーターほどの眼力のある経済学者は、この点を決して見逃しませんでした。「マルクスとケインズとの間には、マルクスとマーシャルまたはヴィクセルの間にあったほどの隔たりが存在しないことは確かである」と（『資本主義・社会主義・民主主義』中山伊知

郎・東畑精一訳、上巻、東洋経済新報社、一九六二年、202〜203ページ)。

もちろん、ケインズとマルクスのあいだの類似性ばかりを強調するのは誤解を招きやすいのですが、両者が二者択一であるかのように吹き込まれた、学生たちのその後の勉学が偏ったものにならなかったのだろうかと余計な心配をしてしまいます。歴史に名前を残すほどの経済学者は、みなどこかに学ぶべきものを含んでいるかもしれないと思って、偏見なく広く学ぶことをすすめます。判断するのは、それからでも遅くはないのですから。

[コラム②] ハイエクのイメージ

ハイエクは、現在では、自由主義の経済哲学を、社会主義全盛の時代の逆風にもめげることなく守り続けた経済学者として知られていますが、彼がわが国でどのように扱われてきたかを、少し振り返ってみるのも興味深いことのように思われます。

戦前、ハイエクは『価格と生産』(一九三一年)の著者として知られていました。その本は、オーストリア学派の流れをくむ景気循環論で、その学説は恐慌の原因を銀行信用の拡大によって過剰に進められた投資に求める「貨幣的過剰投資論」に分類されていました。その前年には、ケインズの『貨幣論』が出版されていたので、当時の優秀な学生たちが「ハイエクとケインズ」というテーマに取り組んだものでした。一橋大学経済研究所で長く実証研究に従事した経済学者、篠原三代平（1919-2012）もその一人です。篠原氏の『ヒューマノミクス序説——経済学と現代世界』（筑摩書房、一九八四年）を読むと、その頃の事情がよくわかります。

しかし、ケインズ革命によって学界が『一般理論』の話題一色に染まってしまうと、ハイエクの景気循環論は次第に忘れられていきました。一九三〇年代の大恐慌の診断と処方箋に関する限り、「有効需要」に焦点を合わせたケインズ理論が完全に勝利したからです。ハイエクも、時代がケインズ主義へと傾きつつあった頃、研究対象を経済理論よりも自由主義経済哲学の方向に舵《かじ》を切りました。その最初の代表作が、第二次世界大戦中に出版された『隷属への道』（一九四四年）だったと思います。

その本は、一九世紀のイギリスで最盛期を迎えた「自由主義」（政府による民間の経済活動への介入がほとんどない「消極的自由」を理想としている）を崩壊させようとする勢力（全体主義もケインズ主義も含まれる）が力を増しつつある時期に書かれたので、どうしても内容が「後ろ向き」のような印象を与えがちでした。京都大学や甲南大学などで教鞭をとった田中真晴（1925-2000）は、戦後まもなくその本を読んだ印象を思い出しながら、「マルキストは〝保守反動〟といっていたな」とポツリと仰《おっしゃ》っていました。マルクス主義者は、ハイエクがドイツのファシズムと並んでソ連の共産主義を全体主義につながる「危険思想」とみなしていることに憤慨したようでした。そのような「保守反動」的なイメージは、高度成長時代を通じて変わらなかったと思います。ひとりシカゴ大学でハイエクに学び、帰国してからは立教大学教授を長くつとめた西山千明（1924-2017）のみが、ハイエクの自由主義経済哲学の立場に立って論陣を張っていたといってもよいくらいです。

ところが、ケインズ主義と結合した福祉国家路線が、一九七〇年代後半頃から、インフレの昂進や財政危機などを背景に厳しい批判にさらされるようになり、イギリスでは、一九七九年、ハイエクの社会哲学に共鳴する保守党のマーガレット・サッチャーが権力を握ったように、時代の流れはハイエクに味方するようになったのです。ハイエクは、その頃までは、『自由の条件』（一九六〇年）や『法と立法と自由』全三巻（一九七三―七九年）というライフワークを完成しつつありましたが、経済問題だけをメディアで論評するような機会はほとんどありませんでした。ところが、一九八九年、ベルリンの壁が崩壊し、二年後にはソ連も崩壊してしまった瞬間から、むかし社会主義計画経済を徹底的に批判していたハイエクをあらゆるメディアが引っ張り出すようになり、彼もできる限りその要請に応えました。一躍「時の人」になってしまったのです。

彼はまもなく「市場原理主義」の元祖のように扱われ始めますが、それは明らかにハイエクの思想を一方向にだけデフォルメした誤解でした。しかし、ベルリンの壁の崩壊から一〇年を過ぎるようになると、もっと若い世代のハイエク研究が盛んになり、ハイエクの著作全体を再検討した冷静な研究が出始めました。この世代は、戦前のハイエクも、ケインズ主義の陰に隠れていたハイエクも知らないので、より客観的にハイエクの思想を検討することができたと思います。ハイエクの思想が、経済学、法学、心理学など多岐に及んでいるので、いろいろな分野の専門家を動員したハイエク研究もおこなわれるようになりました。

しかし、一度つくられたイメージを粉砕することはそれほど簡単ではないと思います。例えば、いまだにケインズ政策を財政赤字を伴った公共投資と同一視する理解が消えていないように、一部は、いまだにハイエクを「保守反動」と思っているかもしれません。本書は、そのようなキャッチフレーズのみで思想を理解することの非を主張したいと思います。

第二章

経済学はどのように教育されてきたか

この章では、経済学がどのような教育をされ、そして現在に至っているかに焦点を当てたいと思います。経済学教育の歩みを知ることは、経済学の現状と問題点を浮き彫りするのに役立つからです。

一九八〇年代前半に学生時代を過ごした私の世代にとって衝撃的だったのは、ベルリンの壁の崩壊後一〇年のうちに、ほとんどすべての大学で「マルクス経済学」(略して「マル経」と呼ばれた)と名のつく講義科目が消滅したことでしょう。第二次世界大戦後、戦争中に弾圧されたマルクス主義の歴史学、経済学、政治学などが復権していきましたが、経済学部では、「近代経済学」(非マルクス経済学を指すわが国独特の言葉で、略して「近経」と呼ばれた)とともにマル経がカリキュラムの中核を占めるようになりました。というよりも、一九七〇年代を通じて、東京大学や京都大学のような旧帝国大学では、マル経のほうが圧倒的に優位に立っていたといってもよいでしょう。八〇年代には少しずつ近経のスタッフも増えていきましたが、ベルリンの壁崩壊前は、少なくともマル経が消えることはありませんでした。

経済学の基礎理論を説く「経済原論」(「経済学原理」といってもほとんど同じ)は、いまや、近経だけとなり、『ミクロ経済学」と「マクロ経済学」に二分されているのがふつうです。より正確にいうと、かつての「近代経済学」や「近経」という言葉は死語となり、近経とマル経の二本立てだった「経済原論」という講義科目も消えていきました。

もちろん、マルクス主義の影響がまったくなくなったというつもりはありませんが、経済学部に関する限り、ごく少数の例外を残して「マルクス」と名のつく経済学の講義科目は見当たらないと思います。そして、アメリカで「経済学の制度化」と言われたような教育が、程度の差はあれ、わが国でも根づくようになりました（「制度化」については、佐和隆光『経済学とは何だろうか』岩波新書、一九八二年がいまだに読むに値する名著である）。

そこで、まずは、わが国の経済学教育に大きな影響を与えたアメリカの教科書を例に引きながら、現代経済学の歩みをみていきましょう。

一　サムエルソン『経済学』の登場

ケインズ革命以前、英米の経済学界で権威をもっていたのは、アルフレッド・マーシャル（1842-1924）の『経済学原理』（初版は一八九〇年の刊行、一九二〇年の第八版まで版を重ねた）でした。マーシャルは、有名なケインズの師匠筋に当たる経済学者でしたが、この教科書は、「需要と供給の均衡」（マーシャルの場合は、特定の財の市場を取り上げて、その財に対する「需要と供給の均衡」を考える部分均衡理論と呼ばれている）という枠組みを教科書の中心に採り入れたもので、これは現代の経済学の教科書にも受け継がれています。例えば、財の価格は需要曲線（右下がり）と供給曲線（右上がり）の交点で決まるというお決まりの図は、もともと、マーシャルが導入したものでした。ほかにも、「短期」と「長期」の区別、「外部経済」と「外部不経済」、「消費者余剰」などがあります。これらは、現代のミクロ経済学の教科書にも採り入れられています。

しかし、ケインズ革命の衝撃は、学界の関心事を雇用量・国民所得・景気循環・経済成長などのマクロの経済問題に傾けたために、しばらくミクロ経済学が相対的に軽視される結果を招きました。もちろん、例外はあります。例えば、J・R・ヒックス（1904-89）の『価値と資本』（初版は一九三九年）は、彼がLSE（ロンドン・スクール・オブ・エコノミックス・アンド・ポリティカル・サイエンス）時代から続けていた一般均衡理論研究の集大成であり、現代のミクロ経済学の基礎を築いた名著でした（「一般均衡理論」とは、部分均衡理論と違って、あらゆる市場における「需要と供給の均衡」を考える思考法である）。

『価値と資本』がミクロ経済学の名著だというのは誤解を招きやすいかもしれませんが（なぜなら、その本は、正確にいえば、ヒックスがイギリスばかりでなくヨーロッパ大陸の文献を学派に関係なく広範囲に渉猟した成果だったからだ）、しかし、のちの経済学教育に大きな影響を与えたのは、『価値と資本』のなかのミクロ経済学の部分であったことは確かでしょう。例えば、「代替効果」「所得効果」「限界代替率逓減の法則」など、いまでは、経済学の初歩で必ず習います。それにもかかわらず、ケインズ革命の衝撃は、ヒックスと同じように経済学の全分野に通じていた天才ポール・A・サムエルソンがのちにベストセラーとなる教科書（初版は、一九四八年、『経済学——入門的分析』と題して刊行された）を書くときにもその構成に大きな足跡を残しました。

サムエルソンの『経済学』初版の構成をみてみましょう（Paul A. Samuelson, *Economics—An Introductory Analysis*, 1948, McGra-Hill Book Company, reprinted in 1998）。

序文

第1部　基礎的経済概念と国民所得

第1章　イントロダクション

第2章　すべての経済社会の中心的諸問題
第3章　「混合」資本主義企業体制の機能
第4章　個人と家族の所得
第5章　個人と家族の所得――異なった職業における所得
第6章　企業組織と所得
第7章　政府の経済的役割――支出、規制、および財政
第8章　政府の経済的役割――連邦租税と地方財政
第9章　労働組織と諸問題
第10章　個人的金融と社会保障
第11章　国民所得
第2部　国民所得の決定とその変動
第12章　貯蓄と投資
第13章　物価、貨幣、および利子率
第14章　銀行制度と預金創造の基礎
第15章　連邦準備および中央銀行の金融政策

第16章　国際金融と国内雇用
第17章　景気循環
第18章　財政政策とインフレを伴わない完全雇用
第3部　国民生産物の構成と価格形成
第19章　需要と供給による価格の決定
第20章　消費と需要の理論
第21章　完全競争および不完全競争の下での企業の費用と均衡
第22章　企業の生産均衡と分配の問題
第23章　国際貿易と比較優位の理論
第24章　保護関税と自由貿易の経済学
第25章　投機とリスクのダイナミックス
第26章　社会的進展と経済的厚生
第27章　エピローグ
索引

この目次をみると、初版に関する限り、マクロ経済学のほうがミクロ経済学よりも分量が多く、ケインズ革命の影響がいまだに大きいことがわかります。サムエルソンは、実際、初版の序文のなかで、「本書は、二十世紀中葉におけるアメリカ文明の経済的諸制度と諸問題の理解を狙いとしている。国民所得こそが本書の中心となる統一テーマを提供している」と述べています。

もちろん、版を重ねるごとに、ミクロ経済学の分量は増えていきますが、サムエルソンが提唱することになる「新古典派総合」のアイデアに忠実に、マクロ経済学→ミクロ経済学の順序で進んでいます。すなわち、ケインズ経済学が説く総需要管理政策によって、できるだけ完全雇用に近い状態を実現させること、そして、その後は、市場メカニズムが有効に働くことを前提にした新古典派経済学が復活するというのです。

ケインズ経済学の解説は、45度線（投資・貯蓄による国民所得決定のモデル）というもっとも単純なモデルを使っています。いまでは、学部の一年生でも知っているモデルですが、ケインズの『一般理論』が難解だっただけに、サムエルソンやアルヴィン・H・ハンセン（1887-1975）の努力がなければ、このようなケインズ理解はそれほど急速には普及しなかったでしょう。のちの版では、もう少し洗練されたIS/LMモデル（もともとヒックスが『一般理論』の解釈のために提示したモデル）も登場するようになります。

ところで、サムエルソンの『経済学』は、入門向けの教科書なので、経済学を専攻する学生はもっと先に進まなければなりませんでした。先ほど、『経済学』のなかのマクロ経済学とミクロ経済学の分量に言及しましたが、入門段階を超えた学生は、次に、マクロ経済学とミクロ経済学を個別に学ぶ必要がありました。この段階になると、ある程度、数学や統計学も知っている必要があるので、並行して教育されました。数学と経済学と統計学が交差する計量経済学も必須科目になり、今日一般的になった、「マクロ経済学」「ミクロ経済学」「計量経済学」による経済学教育の制度化が始まったのです。

サムエルソンは、経済学の全分野で顕著な業績をあげたので、ノーベル経済学賞（一九七〇年度）を受賞しても誰も不思議に思わなかったほどですが、経済学教育においても、経済学の制度化を通じて全米そして全世界の大学に大きな影響を与えました。彼はハーヴァード大学で博士号を取得したあと、ＭＩＴ（マサチューセッツ工科大学）に職を得ましたが、当時のＭＩＴでは経済学はそれほど重要な地位を占めていたわけではありません。しかし、その後、サムエルソンが経済学部門の補強に尽力したおかげで、いまでは、ハーヴァード大学に決して劣らないスタッフと教育環境を誇る大学にまで成長しました。ノーベル経済学賞を受賞した経済学者も、一人や二人ではありません。サムエルソンが戦後アメリカ経済学の興隆にもっとも貢献した一人だと評価されるゆえんです。

二　教科書にみる現代経済学の変遷

サムエルソンの新古典派総合が学界の主流派だった頃、入門レベルを超えた学部生や大学院生はどんな教科書を読んでいたのでしょうか。私とほぼ同世代か少し上の世代まで、ミクロ経済学については、J・M・ヘンダーソン＆R・E・クォント『現代経済学——価格分析の理論』小宮隆太郎・兼光秀郎訳（創文社、一九七三年）がよく読まれていたと思います。原著（James M. Henderson and Richard E. Quandt, *Microeconomic Theory: A Mathematical Approach*）の初版は一九五八年（邦訳は一九六一年）なので、右に挙げたのは第二版（一九七一年）の邦訳です。そのまま訳せば、「ミクロ経済理論——数学的アプローチ」となりますが、初級用の教科書ではたいてい図を使って説明されている項目を、より厳密に数学による表現で提示したところに特徴があります。第二版の目次をみてみましょう（前掲、vii-xiii ページ）。

この教科書は、新古典派総合の時代のミクロ経済学を反映した典型的なものです。すなわち、当時のミクロ経済学の中核は一般均衡理論なのですが、この教科書は、狭くとっても、第2章から第7章までがほぼそれに相当する部分を取り扱っています。予算制約内での消費者の効用最大化→企業の利潤極大化→市場均衡という順序は、一般均衡理論を教えるにはきわめて論理的で、本書が向学心のある学生たちによく読まれたのもなるほどと思えます。

私たちは、この教科書やそのなかで使われている数学を一生懸命に勉強しましたが、参考文献をみると、現代ミクロ経済学の形成にヒックスの『価値と資本』やサムエルソンの『経済分析の基礎』がきわめて重要な影響を与えたことに誰もが気づいたことでしょう。付録に「数学概説」がありますが、それだけでは足りないので、初歩は久武雅夫『経済学研究者のための数学入門』(春秋社、初版一九四九年)から、もう少し詳しくは、古谷茂『行列と行列式』(培風館、一九五九年)、S・ラング『解析入門』(第三版)『続 解析入門』(第二版)松坂和夫ほか訳(岩波書店、一九七八年、続一九八一年)、二階堂副包『経済のための線型数学』(培風館、一九六一年)、二階堂副包『現代経済学の数学的方法』(岩波書店、一九六〇年）などを読んだものでした。

総じて、新古典派総合の時代のミクロ経済学は、ほとんど一般均衡理論の解説であったといっても過言ではありません。

では、その頃のマクロ経済学はどうだったかといえば、言うまでもなく、ケインズ経済学が中心でした。代表的な教科書の一つ、トーマス・F・ダンバーグ＆D・M・マクドゥガル『新版（原書第四版）マクロ経済学――国民所得の測定・理論および安定政策』大熊一郎・加藤恵訳（好学社、一九七四年）の原著（Thomas F. Dernburg and Duncan M. McDougall, *Macroeconomic: The Measurement, Analysis, and Control of Aggregate Economic Activity*）は、初版が一九六〇年で、一九六三年、一九六八年、一九七二年と版を重ねているので、まさに新古典派総合の黄金時代と重なります。目次をみてみましょう。

著者序文

第1部

第1章　マクロ経済学への導入

内容をみると、国民所得勘定、45度線による所得決定理論、IS/LM分析、金融政策や財政政策の役割、等々、ケインズ経済学の典型的な教科書になっていることがわかります。第二次世界大戦後、少なくとも四半世紀はケインズ流のマクロ経済学が主流を占めたと前にも触れましたが、当時は、「マクロ経済学」＝「ケインズ経済学」といっても過言ではなかったのです。

私もこの教科書を読みましたが、ミクロ経済学がときに難解な数学を使うのに対して（均衡解の存在証明には、トポロジーという現代数学の習練が必要でした）、マクロ経済学に出てくる数学は若干やさしいという感じを抱きました。経済成長論や景気変動論で微分方程式や差分方程式を使うことはありましたが、それもまだ理解の範囲内にありました。もっとも、現代マクロ経済学の最先端はもっと難解な数学を使っていますが、それは四半世紀後の話でしたから、当時予想もできないことでした。

しかし、新古典派総合のマクロ経済学は、一九七〇年代の後半以降、加速するインフレ問題、スタグフレーション、石油危機のようなサプライ・ショックなどの問題に十分に対処できなかったので、マネタリズム（貨幣数量説の現代版で、インフレ抑制のためにマネー・サプライのコントロールを提唱した）、合理的期待形成学派（経済主体が合理的に期待を形成するならば、ケインズ政策は無効になると主張した）、サプライサイド経済学（ケインズ経済学の総需要偏重を批判し、サプライサイドの刷新のために減税を提唱した）などの挑戦を受けるようになり、次第に守勢に立たされるようになりました。そして、一九八〇年代には、保守主義の復活も加勢してアメリカでレーガン共和党政権が成立し、経済政策の現場からケインジアンが一掃されていきました。また、学界でも、ロバート・ルーカス（1937-）が主導する「マクロ経済学のミクロ的基礎」が合言葉となり、ミクロ的基礎のない古いケインズ経済学も学界の中枢から追放されました。新古典派総合の一翼を担ったケインズ経済学が放逐されたあとに残ったのは、新たに復活を遂げた新古典派経済学（「新しい古典派」と呼ばれることもある）であり、ルーカスの方法論が主流派を襲いました。

そして、一九八〇年代中頃には、ルーカスの示唆に沿って、マクロ経済学を「市場均衡」の視点からミクロ的に再構成した教科書が登場しました。R・J・バローの『マクロ経済学』谷内満訳（多賀出版、一九八七年）がそうでした。これは、原著（Robert J. Barro, *Macroeconomics*, 1984）初版の翻訳です。目次をみてみましょう（谷内訳、v-xiページ）。

目次をみただけでも、この教科書が新古典派総合時代のマクロ経済学とは構成がまったく異なることに気づくでしょう。バローは、最初から、マクロ経済学をミクロ経済主体の最適化行動から構成するという意味での、「ミクロ的基礎」を重視する立場を鮮明にしています。バローは、それを「市場均衡アプローチ」と呼んでいるのですが、新古典派総合の時代は、「市場均衡」という言葉をミクロ経済学以外の分野で使うことはほとんどありませんでした。それゆえ、バローがその言葉をどのような文脈で使っているのか、確かめる必要があります。彼は次のように言っています。

「すべての個人の行動を積み上げる場合、いくつかの条件が必ず成立しなければならない。たとえば、供給者が売る財の合計は、需要者が購入する財の合計と等しくなければならない。同様に、人々が信用市場で貸した資金の合計は、その他の人々が借入れた資金の合計と一致していなければならない。このような条件を、**マクロ整合性条件**と呼ぶことにする。この条件は、理論内部で整合性のとれた分析においてマクロ諸変数がいかなる動きをするかという点について、われわれに何らかの情報を提供してくれる。合理的と考えられるマクロ・モデルは、必ずこの条件を満たしていなければならない。

マクロ整合性条件を満たす1つの方法は、財市場、信用市場等の様々な市場が常に均衡していると仮定することである。ここで均衡とは、財の総需要が総供給に、また望ましい貸出しの総額が望ましい借入れの総額に一致するように、物価水準と利子率が同時に調整するということを意味している。われわれの基本モデルにおいては、マクロ整合性条件を満たすため、この**市場均衡アプローチ**が用いられる。」(前掲、12〜13ページ)

これを読んだだけでも、一九三〇年代の大恐慌を背景に『一般理論』を書いたケインズの思考法とはまったく違うマクロ経済学が生まれたことがわかるでしょう。ケインズは、市場メカニズムの重要性を決して否定しなかったのですが、それは万能ではなく、ときに機能不全に陥る可能性を指摘しました。

もっと具体的にいうと、ケインズの「有効需要の原理」は、総需要が総供給よりもはるかに少なく、労働者が現行の賃金率で働く意欲がありながら職にありつけなくなることを論証するものでした（ケインズは、それを「非自発的失業」と呼びました）。しかし、市場均衡アプローチは、「様々な市場が常に均衡していると仮定する」わけですから、最初から、非自発的失業などは生じ得ないモデルなのです。換言すれば、市場メカニズムへの揺るぎない信頼があると言ってもよいでしょう。その証拠に、バローは、続けて次のように言っています。

「市場均衡のアイデアは、民間市場が効率的に機能するという考え方と密接に関連しているということがわかる。具体的に言えば、市場が均衡しているときは、潜在的な貸し手と借り手、あるいは財の潜在的な買い手と売り手をマッチさせることによって、現状より良い結果を生み出すということは不可能である。つまり、均衡している市場は、このような双方に有利な取引をすでにすべて実現してしまっているのである。市場均衡のアイデアは、われわれのモデルのミクロ的基礎づけを検討したとき用いた個々人の最適化行動の考え方と密接に関連している。一方で、人々は自分たちの生活をできるだけ良くするように、労働や消費といった個々人の選択を行っている。他方で、市場均衡の考え方は、市場に参加しそれを形成している人々が資源を浪費することなく、したがって効率的な結果を生み出しているというアイデアを反映している――それらの人々は、自分自身の利益の追求という動機に導かれているのである。したがって、市場均衡は、このモデルを支えているミクロ的基礎づけを補完する自然なマクロ経済学の考え方なのである。」（谷内満訳、13ページ）

先の目次をみて留意すべきは、新古典派総合時代のマクロ経済学では教科書の初めのほうで解説されている45度線やIS/LMによるケインズ・モデルが、ようやく終わり近くの第19章に登場することです。市場均衡アプローチに従っている限りは、「非自発的失業」などが発生する余地はないはずですが、しかし、バローも、現実に失業者が生じることがあることまで否定できません。そこでどうしたかというと、市場メカニズムは「価格の硬直性」「賃金の硬直性」などによって阻害されるので、その場合は市場均衡アプローチが適用できない、ケインジアンのケースが生じると考えるのです。

「市場均衡に代わるもう1つのものとしては、**ケインジアン・モデル**がある。このモデルでは、いくつかの価格（通常、労働サービスないし財の価格）は硬直的で、売買される数量について何らかの割り当てが行われると仮定される。したがって、ケインジアン・モデルにおいては、取引の結果は通常非効率的であり、重要なことは、双方に有利な取引が必ずしも実現しないということである。またこうした「市場の失敗」を反映して、慣性的な失業や低生産が発生する傾向にある。ケインジアン・モデルのこのような結論から、多くの経済学者たちは、政府による「矯正的《きょうせい》」な政策が必要であると主張してきた。」（谷内満訳、13ページ）

バローの教科書は、「ケインズは死んだ」といわれたルーカス以降の「マクロ経済学のミクロ的基礎」の重視を反映したものでした。しかし、やがて「ケインジアン」の一部から、ルーカスの方法論は受け容れるが、「ケインズ的」状況を生み出すような「価格の硬直性」「賃金の硬直性」などのミクロ的基礎を整備しようとする経済学者が登場してきました。彼らは「ニュー・ケインジアン」と呼ばれています。そして、ミクロ経済学の内部でも、一般均衡理論という「ハードコア」は保持するものの、ゲーム理論を大幅に取り入れて内容を刷新する動きが顕著になりました。この四半世紀のあいだに、現代経済学の教科書（ミクロとマクロ）は様変わりしたと言ってもよいほどです。次の節では、それをみていきましょう。

三　現代経済学の新潮流

マクロ経済学が、新古典派総合時代のケインズ経済学中心から、ルーカス以降「ミクロ的基礎」を重視した市場均衡アプローチへと移ってきたことはすでに触れましたが、ニュー・ケインジアンは、ルーカスの方法論を受け容れながらも、短期的に市場メカニズムが機能不全に陥る原因として「価格の硬直性」「賃金の硬直性」に注目し、それにケインジアンらしいミクロ的基礎を提示しようとします。グレゴリー・マンキュー（1958-）がその代表的な経済学者の一人ですが、彼が執筆したマクロ経済学の教科書の目次をみてみましょう（『マクロ経済学』Ⅰ・Ⅱ、足立英之ほか訳、東洋経済新報社、一九九六年、原著 *Macroeconomics* の初版は一九九二年に出ている。Ⅰ xxi-xxvii ページ、Ⅱ xxi-xxvii ページ）。

第Ⅰ巻

第1部　イントロダクション

第1章　科学としてのマクロ経済学

第2章　マクロ経済学のデータ

第2部　長期分析

第3章　国民所得：生産、分配、配分

第4章　貨幣とインフレーション

第5章　開放経済

第6章　景気変動へのイントロダクション

第7章　総需要Ⅰ

第8章　貨幣供給と貨幣需要
終　章　わかっていること、いないこと

一見してわかるのは、マンキューが、ルーカス以降の「ミクロ的重視」に十分配慮していることです。例えば、「短期分析」と「長期分析」を慎重に区別し、ケインジアンの45度線やIS/LMは第Ⅱ巻「第2部　短期分析の進んだトピックス」において登場させ、「貨幣の中立性」が成り立つ長期においては「新しい古典派」（ルーカスやバローなどを指す）の理論が妥当性をもつことを明確に述べています。貨幣の中立性とは、貨幣量の変化が実質変数（産出量や雇用量など）に影響を与えず、もっぱら物価水準を変化させることを意味しますが、これが成り立つのは長期というのがいまの通説です。反対にいうと、貨幣の中立性が成り立たない短期では、ケインジアンのモデルが成り立つという含意をもっています。

そして、問題の「価格の硬直性」「賃金の硬直性」については、マンキューの名前を有名にした「メニュー・コスト」（企業が価格調整をおこなうためのコストのこと。このコストがあるために、企業は間隔をおいてしか価格を調整しない）や、賃金と価格設定の「時間的跛《は》行性《こう》」に注目して、硬直性が生まれるミクロ的基礎を提示しています。

他方、現代のミクロ経済学の教科書は、ゲーム理論の浸透によって、一昔前の一般均衡理論中心の教科書とは様変わりしています。最近出された、きわめて好評な教科書、神取道宏著『ミクロ経済学の力』（日本評論社、二〇一四年）を取り上げてみましょう。目次は次のようになっています（viii-xii ページ）。

序章　経済学の目的と方法
第Ⅰ部　価格理論　市場メカニズムの特長と問題点
第1章　消費者行動の理論
第2章　企業行動の理論
第3章　市場均衡
第4章　市場の失敗
第5章　独占
第Ⅱ部　ゲーム理論と情報の経済学　経済理論の新しい流れ

この教科書は、ミクロ経済学の内容を一般均衡理論とゲーム理論に二分し、しかも前者と後者がほぼ同じ比重をもつように書かれています。新古典派総合時代のミクロ経済学は大半が一般均衡理論の解説でしたが、現在では、ゲーム理論の応用できる分野が広範囲に採り入れられているといってよいでしょう。もちろん、「囚人のジレンマ」は以前から知られていましたが、「ナッシュ均衡」（各々の戦略がお互いに最適反応になっている状態のこと）を正確に理解しなければ先に進めないような構成になっているのは、優れて現代的な特徴です。また、ときにミクロ経済学の学習者にとって啓発的な指摘があるのも、教科書としては出色のものと思います。

「……アダム・スミスが述べたような、個人の自己利益追求が社会全体の利益を最大にすることは、競争的な市場では成り立つものの、より一般的な社会や経済の問題では成り立たないほうがむしろ普通である。このことを明確な分析によって明らかにし、経済学者全体がこのような考えを受け入れるようになったことが、おそらくゲーム理論が経済学や社会科学・社会思想にもたらした一番大きな成果の一つであろう。一般的な社会・経済の問題で、個人がお互いに自己利益を追求している状態はナッシュ均衡に対応する。ナッシュ均衡では、各個人は自分の利益だけを最大化しようとするので、

・「社会のためになるが、それをやるには自己にコストがかかる」ような協調的な行動は取られず、

・いわゆる「足のひっぱり合い」のような状態になってしまう可能性が大いにあるのである。このような理由で、ナッシュ均衡は（完全競争均衡とはおおいに異なって）非効率的になることが多いのである。このことを改善するには、**効率的な行動を人々が取るように、適切な報償や罰則を与える、つまり正しいインセンティブ（誘因・動機づけ）を与える制度を設計することが重要になる。**ゲーム理論はこのようなことを体系的に明らかにし、「市場を通じた自由競争の促進」一辺倒だった経済学の関心を「適切なインセンティブを与える制度設計」に大きく転換させたのである。」（『ミクロ経済学の力』、前掲、335ページ）

著者の神取氏は、優れた研究者であると同時に練達の教師でもあって、難解な理論を実にわかりやすくひとつひとつ「種明かし」のように説いてくれます。この教科書が学生たちに好評であるゆえんです。

以上は、経済学部や大学院（経済学研究科）において、主流派またはスタンダード・エコノミックスの教育に携わってきた教員がよく使ってきた教科書の話でしたが、脱線ながら、構想は壮大だったものの目的は達成できずに「未完」に終わった、異端派の教科書があったことを紹介しておきましょう。それは、左派ケインジアン（ケインズ経済学を徹底化するという立場から新古典派総合に反対する異端派）の大物ジョーン・ロビンソン（1903-83）が、当時は若手のジョン・イートウェル（1945-）と執筆した教科書、『現代経済学』宇沢弘文訳（岩波書店、一九七六年）です。

この教科書の原著（Joan Robinson and John Eatwell, *An Introduction to Modern Economics*, 1973）は、新古典派総合が新古典派とケインズの「妥協」の産物であることに不満を抱き、もともとのケインズの思考法に立ち返り、そこから新たに生まれてきた理論を包括的に利用しながら、初学者のための入門書をつくろうという「壮大」な構想を具体化したものでした。ロビンソンやイートウェルは、今日では、「ポスト・ケインジアン」と呼ばれています。しかし、その壮大なプロジェクトは、その後の経済学が新古典派の徹底化の方向に進んだので、結果的には失敗に終わりました。それにもかかわらず、その教科書は、ポスト・ケインズ派が新古典派総合のどこが問題だと考えていたのかを私たちに訴えかける上に、少数派ながら現在でもポスト・ケインジアンを名乗る経済学者がいる理由を明らかにしてくれるといってもよいかもしれません。目次をみてみましょう（前掲、xiii-xxv ページ）。

この目次をながめると、ロビンソン＝イートウェルがその「覇権」に挑戦したサムエルソンの教科書とはまったく構成が異なることに気づくでしょう。ポスト・ケインズ派経済学の形成にはケインズ、カレツキ、スラッファという第一級の知性が大きな影響を及ぼしましたが、ロビンソン＝イートウェルの教科書もこの三人から多くを吸収して書かれています。いくつかの特徴を挙げてみましょう。

第一に、基礎理論に入る前に、経済学史の素描（第I部）にかなりのページ数を割いていることです。この部分は経済学史入門としても読めますが、ポスト・ケインズ派経済学が新古典派総合とはまったく異なったケインズ理解をもっていることが強調されています。例えば、新古典派総合では、ケインズ経済学は45度線やIS/LMを使ったモデルによって提示されましたが、ロビンソン＝イートウェルは、そのような「均衡分析」によってケインズが重視した「不確実性」（通常の確率計算に馴染まず、そもそも前提となる知識が頼りにならないこと）の下での意思決定（投資行動や流動性選好など）を理解することはできないことを強調しています。晩年のロビンソンがよく使った対比に「均衡vs.歴史」というのがありますが、この教科書にも、「均衡」概念に立脚した「正統派」（新古典派または新古典派総合のこと）と、「歴史的時間」のなかでの意思決定を問題にしたケインズやポスト・ケインズ派が次のように比較・対照されています。

「……正統派の体系の根本的な誤りは、振子が前後に振れていても、静止の状態に必ず戻るのと同じように、市場経済も必ず均衡に到達する傾向をもっているという信念であった。この類比は間違っている。空間のなかの動きは前後に行けるかもしれないが、時間を通じての動きは、過去から将来に向かって、1つの方向にしか行けない。人間の生活は、「正しい予見」なしに行なわなければならない。経済行動を支配するのも、今日とった行為について将来の結果について推量するか、慣習から導き出された適切な行動という考え方にたよるか、あるいは、欺かれることになるかもしれないが、過去の経験の教訓から学ぶか、のいずれかである。」（前掲、66ページ）

第二に、通常の「ミクロ経済学」「マクロ経済学」に相当する内容は、第Ⅱ部「分析」のなかに入っていますが、カレツキ、ケインズ、スラッファの影響が随所にみられます。価格決定を需給で決まる第一次産品と、コストを基礎に決まる製造工業品に二分しているのは明らかにカレツキの影響です（一般均衡理論批判）。ケインズの影響は、有効需要を扱ったところに顕著に表われていますし、ポスト・ケインジアンの分配理論も採り入れられています（資本主義の不安定性に注目した有効需要論、限界生産力説批判としてのケンブリッジ分配理論など）。さらに、スラッファが『商品による商品の生産』（一九六〇年）のなかで提示した客観的価格理論の簡単なモデルも取り入れられています。これらは、ふつうの「ミクロ経済学」「マクロ経済学」の教科書では、あまり触れられることのない理論ばかりです。

第三に、第Ⅲ部「現代の諸問題」を、資本主義諸国、社会主義諸国、第三世界の三つに分けて取り上げていることです。これは、カレツキの先例に倣ったものでしょうが、経済学入門の教科書でこのような方法を採用しているのは珍しいと思います。とくに、第三世界の読者に向けて、次のようなに語りかけているのが印象的です。

「均衡と自由貿易との理論という正統派の学説は、第三世界の知識人たちの間に広まっているが、かれらが直面する問題になんの役にも立たない。均衡理論は、自由放任主義を擁護するような推論を説いたものであるが、発展を政策の目的とみなす考え自体すでに自由放任主義とは相容れないものである。自由貿易の擁護は、輸出と輸入とが常に均衡するというモデルにもとづいて展開されているが、他方では、第三世界の国はすべて外貨の不足に悩んでいるのである。

第三世界のインテリゲンチァは、新しい経済分析の方法を通じて、自分たちの問題にいっそう明確な光を当てることができよう。しかし、どこにその解答を見出すかということは、経済学のみにもとづいて答えることは不可能である。」（前掲、428ページ）

ロビンソン＝イートウェルの教科書は、以上のように、類書にはないユニークな内容を盛り込んだ意欲作でしたが、これを「はじめて」経済学を学ぼうとする学生たちに推奨しても、うまくいかなかったに違いありません。すでにサムエルソンの教科書を読んで主流派の教科内容を修得した者でなければ、「異端派」の意味を正確に捉えることは難しいでしょう。わが国では、小宮隆太郎（東京大学名誉教授）が、この教科書に対してきわめて厳しい論評を加えましたが（『ジョーン・ロビンソン「現代経済学」の解剖——批判的コンメンタール』日本経済新聞社、一九七九年）、いくらか言葉がきついとはいえ、初学者に読ませるにはふさわしくないという結論には同意せざるを得ません。もちろん、それは読む価値がないという意味ではありません。ポスト・ケインズ派という異端派経済学を主流派の人たちにも受け容れられやすいようにするには、「批判」ばかりでなく「対話」も必要だからです。そうしなければ、異端派はいつまでも異端派の地位に甘んじなければならないのではないでしょうか。

〔コラム③〕数学の経済学部カリキュラムへの導入

私が大学に入学した頃、有名大学では、例外を除いて、経済学のための数学が選択必修科目か選択科目のなかに入っていました。それほど高度な数学を習った記憶はありませんが、線型代数や微積分程度は必修だったと思います。もちろん、それだけでは経済学を学ぶのに足りないのですが、あとは各自の学習に期待されていたのかもしれません。

戦後まもない頃、ヒックスの『価値と資本』（第二版一九四六年）が経済理論を学ぶ学生たちの必読書であったことは、森嶋通夫やその他の理論経済学者の自伝を読めばたいてい出てきますが（『価値と資本』は、いまは岩波文庫のなかに収録。安井琢磨・熊谷尚夫訳、上・下巻、一九九五年）、戦前ＬＳＥでヒックスとの共著論文もあった、Ｒ・Ｇ・Ｄ・アレンの書いた数学の本がよく読まれていました（*Mathematical Analysis for Economists*, 1949）。この本とほぼ同じレベルで、日本人が書いたものが、久武雅夫『経済学研究者のための数学入門』（春秋社、初版一九四九年）だったと思います。

おそらく、戦後しばらくは、これからの「近代経済学」には数学が必須になるというメッセージも込めて、のちに大家となる方々が経済数学の本を書いたのではないでしょうか。私が知っているだけでも、宮沢健一『経済数学』（評論社、一九六一年）や、稲田献一『経済数学の手ほどき』（日経文庫、一九六五年）のような本がありました。もちろん、それらは入門書ですが、もっと数学を学びたい人たちのために参考文献が挙げられていたので、そのなかで気に入ったものを勉強したものでした。とくに読んでよかったと思ったのは、二階堂副包『経済のための線型数学』（培風館、一九六一年）、古屋茂『行列と行列式』（培風館、一九五九年）、Ｓ・ラング『解析入門』正・続、松坂和夫訳（岩波書店、一九七八年、続一九八一年）などです。あと景気循環論や経済成長論などでよく使われている差分方程式や微分方程式の本も読みましたが、どの本だったか、記憶がややあやふやです。翻訳ものだったかもしれません。

その頃の学部教育では、以上のレベルで十分だったかもしれませんが、たまたま一般均衡理論を勉強するゼミナールを選んだので、さらに位相数学（トポロジー）を学ぶことになりました。誰かの本で、入江昭二『位相解析入門』（岩波書店、一九五七年）が推薦してあったので、その本を勉強しましたが、当初トポロジーのイメージをつかむのに苦労したので、野口広『トポロジーの世界』（ダイヤモンド社、一九六六年）もあわせて参考にしました。位相数学が必要だったのは、不動点定理が一般均衡解の存在証明のために使われているからでしたが、この分野では、二階堂副包『現代経済学の数学的方法』（岩波書店、一九六〇年）が名著の誉れ高く、経済理論専攻の学生たちはみな精読したものでした。

その後、大学院では経済思想史の研究に没頭したので、その分野からは離れましたが、経済理論のための基礎数学を学んだことは、現代経済思想史の研究にも大変に役に立ちました。なぜなら、一九世紀後半の限界革命以降、経済分析には次々に数学が導入されていったので、思想史も数学なしでは理解できなくなったからです。その意味でも、学部生時代に理論経済学のゼミに入ったのはよかったのではないかと思っています。

もちろん、もともと数学者でのちに経済学に転じたマーシャル、ヴィクセル、ケインズなどの思想史を勉強してみると、「経済学＝数学」というほど単純ではないことがよくわかります。例えば、ケインズの思想は、イギリスの「モラル・サイエンス」（昔風にいうと道徳哲学）の伝統を理解しないと正確につかめない部分もあるからです。経済学にとっては数学はあくまで「手段」ですが、その手段を不当に軽視せず、かといって過大に評価せずに学んでいくことが大切だと思います。

［コラム④］サムエルソン『経済学』の時代

サムエルソンの教科書『経済学』は、かつて経済学を学ぶ者の必読書であったのみならず、経済学部以外の向学心のある学生たちが大部で二巻の訳書を真面目に読んでいる姿をよくみかけたくらい、教科書市場のベストセラーでした。学部生時代にシカゴ大学、大学院ではハーヴァードで学んだ彼は、「恐るべき子供」として周囲を驚嘆させるほどの頭脳をもっていました。シカゴでは、厳格な教師で知られたジェイコブ・ヴァイナーの教室で教師の誤りを指摘するほど頭が切れたことは、当時大学院生だったフリードマンやスティグラーなども目撃していますし、ハーヴァードではあのシュンペーターが彼を天才と遇していました。シュンペーターは、ハーヴァードがサムエルソンを助教授に採用する人事を否決したとき、憤激のあまり辞任することを本気で考えたくらいです(拙著『シュンペーター』講談社学術文庫、二〇〇六年を参照)。

サムエルソンは、周囲の期待通りに、ハーヴァードで博士号を取得し、彼の研究はのちに『経済分析の基礎』(一九四七年)として出版されました。この本は、当時としては高等数学を駆使して、新古典派経済学の論理構造を体系的に提示したもので、その後の大学院で経済理論を専攻する者にとって必読の文献となりました。その頃はこれほど数学を使った経済学の本はなかったので、いろいろと皮肉や批判めいたことを言われたとか。

だが、サムエルソンは、決して「新古典派」の最優秀な経済学者で終わりませんでした。大恐慌時代のアメリカを経験し、ハーヴァードに上陸してきたケインズ経済学をいち早く吸収した彼は、新古典派とケインズとの関係をどのように「融和」させるべきかという問題に直面しました。それは、のちに、「新古典派総合」という構想となって実を結ぶことになります。これは、本文でも解説したように、市場メカニズムは万能ではないので、ケインズの教えに沿って、総需要を管理し、できるだけ完全雇用に近い状態をつくる努力をすべきだが、いったん完全雇用が実現されたならば、市場メカニズムを基本的に信頼した新古典派が復活する、というものでした。

このような思考法は、すでにケインズの『一般理論』最終章に示唆されているのですが、一九六〇年代初め、ケネディ政権の経済顧問をつとめたように、それを現実の世界に適用するのに尽力したのがサムエルソンの貢献だったと言ってもよいでしょう。そして、彼の『経済学』は、それを素人にもわかりやすい形で解説した教科書にもなりました（初版は一九四八年でしたが、その後、三から五年ほどの間隔で改訂されて、単独著書としては一九八一年の第一一版まで刊行されました。第一二版以降は、ウィリアム・D・ノードハウスとの共著の形で出版されましたが、文章の特徴などを考慮すると、サムエルソン『経済学』は事実上第一一版をもって最終版と考えてもよいのではないかと思います。日本語版は、第六版から、ハーヴァード時代の友人であった都留重人の訳で岩波書店から出版されました）。

一九六〇年代は、サムエルソンの新古典派総合の全盛時代と言ってもよいのですが、ケネディ政権からジョンソン政権にかけて大統領経済諮問委員会の委員長（1961-64）をつとめたのが、ウォルター・W・ヘラーという実直な経済学者であり、彼は、新古典派総合の理念に忠実に大統領に政策提言をし続けました。しかし、当初はうまくいっていたものの、のちに、ジョンソン大統領がベトナム戦争に深入りし、総需要が過剰になったのに委員会の勧告する増税をなかなか採用しなかったことを非常に残念そうに語りました（『ニュー・エコノミックスの理論』間野英雄・小林桂吉訳、ぺりかん社、一九六九年）。

当時「ニュー・エコノミックス」と呼ばれた新古典派総合は、その適用を誤ったのであって、フリードマンやハイエクが批判したように、新古典派総合の構想がそれ自体として間違っていたのではないと言いたかったのでしょう（詳しくは、拙著『サムエルソン――経済学と新古典派総合』中公文庫、二〇一八年を参照）。

サムエルソンは、一九七〇年、アメリカ人として初めてノーベル経済学賞を受賞した経済学者でしたが、時は流れ、いまやサムエルソンの教え子たち、スティグリッツやクルーグマンがノーベル経済学賞の栄冠に輝くようになりました。教え子たちは現在第一線で活躍していますが、彼らがかつての師であったサムエルソンほどの権威をもっていないように思えるのは私だけでしょうか。

第三章

教科書に馴染まなかった人たち

前の章で、制度化された経済学の教育がどのようにおこなわれてきたかを概観しましたが、この章では、教科書のなかではあまり詳しく取り上げにくい経済学者三人（シュンペーター、ガルブレイス、ミンスキー）を紹介したいと思います。もっとも、この三人の名前も結構有名ではないかという反論がすぐ返ってきそうですが、有名であることと、教科書のなかで初学者にもわかるようにモデル化されているのとはまったく違います。

サムエルソンの『経済学』が新古典派総合時代の教科書市場で長いあいだベストセラーであり続けたことは繰り返す必要もありませんが、サムエルソンはみずからが主流派であることに胡坐《あぐら》をかくことなく、主流派でない経済学（例えば、マルクス経済学）の基礎理論も補論などで解説していました。

サムエルソンは、ハーヴァードの大学院生時代にマルクス主義に詳しかった都留重人（1912-2006）の友人だったので、若い頃からさまざまな経済学説に触れていたに違いありません。しかし、ふつうアメリカで経済学の教科書を書く場合、マルクスに触れることはほとんどないので、彼は異なる思想に意外に寛容だったようです。

ところが最近、アメリカの経済学の教科書のなかにマルクスや異端派の経済学が取り上げられることはなくなってしまいました。マルクスはおろか、シュンペーターやヴェブレンも登場しない教科書があります。主流派の教科書に登場しないということは、その人が主流派とは違った角度から経済をみる眼をもっていることと同じですが、私は、学生たちに、現在の主流派ばかりでなく、それとは異なる思想や学説から学ぶ態度を忘れないでほしいとつねに強調してきたつもりです。主流派しか知らないでいると、すべての経済問題を主流派の観点でしかみることができなくなる恐れがあり、それは決して「学問の自由」にとって望ましくないからです。

一　誤解されるシュンペーター

ヨゼフ・アロイス・シュンペーター（1883-1950）は、日本で大変に人気のある経済学者ですが、新聞や経済誌には、ほとんど例外なく「イノベーション」や「技術革新」の重要性を強調した経済学者という文脈で登場します。もちろん、それはシュンペーターの一側面ですが、さらに有名な「創造的破壊」という言葉が、もっぱら既存のシステムや制度を「破壊」することを正当化するために使われているのをみると、シュンペーターを理解するには誤解を招きやすいものになるように思います。

シュンペーターの経済理論は、「静態」と「動態」が織りなす二元論的な構造をもっています。静態とは、のちに詳しくみていきますが、ケネー（1694-1774）の『経済表』（一七五八年）の世界のように、すべての経済数量が同じ規模で循環している状態ですが、この世界が企業家のイノベーションの遂行によって破壊されることから動態が始まります。しかし、静態と動態は、一方だけあっても「理論」にはならないことがわかっていたので、シュンペーターは、名著『経済発展の理論』（一九一二年）を静態の厳密な描写から始めています。イノベーションがどうしても派手なイメージで格好よいので、人々の関心がそちらに向かいがちですが、静態を破壊する力（つまり、動態）だけなら経済システムはイノベーションが創造した新事態に適応することができなくなり、一つの「理論」として完結しません。

シュンペーターのファンと称する経済人も、『経済発展の理論』の第二章「経済発展の根本現象」を拾い読みしただけで、全体を精読したわけではないようです。一〇〇年以上前の古典が一部だけでも読まれるのをよしとすべきかもしれませんが、文脈を離れて「創造的破壊」だけが独り歩きするようになると、シュンペーター理解の妨げとなります。

シュンペーターは、オーストリア学派の本拠地であるウィーン大学に学びましたが、若い頃からどの学派に属するというよりは、ヨーロッパ中の経済学に精通し、そこからみずからの体系の基礎となる概念を選びとったという意味で、完全なコスモポリタンでした。彼が初期に夢中になったのは、経済体系の相互依存関係を連立方程式の形で表現したレオン・ワルラス（1834-1910）の一般均衡理論でした。現在、一般均衡理論は、もっと洗練された形で現代経済学の共有財産になっていますが、当時は学界の主流では決してありませんでした（経済学の最先進国はイギリスで、一八九〇年に初版が出版されたアルフレッド・マーシャルの『経済学原理』が学界を支配していたのです）。マーシャルではなくワルラスを選んだということが、彼の鋭敏な眼力を証拠づけるものでしょう。

シュンペーターは、終生、ワルラスの一般均衡理論を高く評価しました。しかし、ワルラス理論は、「時間の要素」が欠落した「静学」理論だという欠点がありました。なるほど、経済体系の相互依存関係は連立方程式の形で明瞭に表現されていましたが、そこには「時間」がなかったのです。シュンペーターは、ワルラス体系を「動く」ものに転換したかったのですが、興味深いのは、それを「動く」ものにする前に、時間は入っているものの「定常的」（stationary）な世界、すなわち、ケネーが『経済表』のなかで描写した「静態」を構想したことです。「静態」では、『経済表』のように、すべての経済数量が同じ規模で循環しているのですが、ワルラスの「静学」理論を基礎に、その延長線上に「静態」を導入したのがユニークでした。

シュンペーターは、『経済発展の理論』第一章「一定条件に制約された経済の循環」において、「静態」がどのような世界かを詳細に記述しています。そこでは、「本源的生産要素」（労働と土地）を用いて生産がおこなわれますが、経済主体は、本源的生産要素の所有者、労働者と地主しかいないので、すべての生産物価値は、労働用役と土地用役の価値の合計に等しくなります。ワルラスを尊敬していたシュンペーターでしたが、このような考え方にはオーストリア学派の「帰属理論」の影響がみられます。

「静態」の世界では、経済主体は体系の与件（資源、人口、技術、社会組織）に対して受動的に適応するのみで、みずから能動的に行動する経済主体が欠落しています（のちに触れる「動態」においてのみ、「企業家」と「資本家」という経済主体が登場します）。つまり、「適応型」の経済主体しか存在しないので、すべての経済数量が従来と同じ規模で循環しているという意味で「変化」のない世界でもあります。シュンペーターは、次のように言っています。

「かくして流通経済の組織はわれわれには次のように示される。個々の経済はいまや他の人々の必要に対する生産の場所として現われ、一国民の総生産の収益は先ず第一にはこれらの単位の間に「分配」されるのである。しかしこの組織の中にあるものは二つの本源的生産要素の結合という機能のみであって、この機能は各経済期間においていわば機械的にあるいは自動的におこなわれ、そこには監督ないしこれに類するもの以外の人的要素は必要とされない。したがってもし土地用役が私有されていると仮定するならば、あらゆる経済単位の内部には、独占者を別とすれば、なんらかの労働を給付したり土地用役を生産のために提供した人以外には、経済の収益に対して請求権をもつ人は存在しない。この状態のもとにおいてはこれ以外の種類の人々は国民経済に存在しない。ことに生産された生産手段あるいは消費財を所有することを特徴とするような種類の人々は存在しない。われわれはすでにこのような財のストックがどこかに蓄積されているという考えがそもそも誤りであることを見た。これは主として、きわめて多くの生産された生産手段が一連の経済期間にわたって存続するという事実によって惹き起こされた考えである。しかしこの事実の中にはなんら本質的な要因は存在しない。したがってそのような生産手段の使用可能性を一経済期間に限定しても、それは事態の本質を変えるものではない。消費財ストックという考えにはこのような事実の支持すらも存在しない。反対に、一般に消費者は現在の消費に必要な量以上の消費財を保有しない。さらにわれわれが国民経済において見出すものは、いろいろな形態において、またいろいろな生産段階において、成熟に向かいつつある消費財のみである。われわれは財のたえざる流れを見る。また経済のたえず動いている過程を見る。しかしわれわれはその構成分子が一定量にとどまるなんらのストックも、またたえず補充されているなんらのストックも見ない。また経済単位にとっては、それが消費財を生産するか生産手段を生産するかはなんの相違ももたらさない。いずれの場合においても彼はその生産物を同じ方法で売却し、完全な自由競争の前提のもとにおいては、その土地用役および労働用役の価値に相当する報酬を受け取るのであって、それ以上を受け取るのではない。もし一経営の指導者あるいは所有者を企業者と名づけるならば、その企業者は特別の機能も特別の所得ももたない、利益も損失も受けない企業者（entrepreneur faisant ni bénéfice ni perte）であろう。もし生産された生産手段の所有者を「資本家」と名づけるならば、それは他の生産者となんら異なるところのない単なる生産者にすぎず、その生産物を賃金と地代の合計として与えられる生産費以上に販売しえない点においてもまた他の生産者と同様であろう。」（『経済発展の理論』上巻、塩野谷祐一・中山伊知郎・東畑精一訳、岩波文庫、一九七七年、114〜115ページ）

「静態」は、もし何かが起こらなければ、年々歳々同じことを繰り返しているに過ぎない循環の世界と言えます。しかし、シュンペーターは、「動態」の要素がまったくない状態からモデルを開始しなければ、経済発展を根本から解明したことにはならないと信じていました。それゆえ、『経済発展の理論』第一章は、読者を些《いささ》か退屈させてしまう恐れがあることを認識しながらも、「静態」をひとつひとつ丁寧に説明しています。この章は、シュンペーター理解のためには、必ず精読すべきで、決して飛ばしてはなりません。

いま、「もし何かが起こらなければ」と書きましたが、すでにこれだけはよく知られているように、「静態」を破壊し、「動態」を始動させる「何か」とは、「企業家」によるイノベーションの遂行でした。シュンペーターは、ワルラスとケネーを下敷きに「静態」を構想しましたが、「動態」にヒントを与えたのは、カール・マルクスの経済学だと言われています。経済学者以外の思想家の影響を指摘するのは難しくありませんが（拙著『シュンペーター』、前掲、参照のこと)、ここでは、経済学の分野に限定しておきます。経済学の分野に限定しても、シュンペーター理論の独創性は揺るがないからです。

例えば、マルクスの『資本論』は、資本家が利潤獲得に衝き動かされて不断の技術革新と資本蓄積に励み、資本主義経済をダイナミックに進行させる過程を分析していました。ウィーン大学の学生時代からマルクス主義者の友人と付き合い、マルクス主義の文献にも通じていたシュンペーターは、マルクスの動態的な資本主義観から多くを学んだに違いありません。

実際、彼はみずからの発展理論に影響を与えた経済学者の名前を二人挙げていますが、その二人とはワルラスとマルクスに他なりません。マルクスの貢献について、『経済発展の理論』では次のように書かれています。「発展問題への唯一の偉大な試みはカール・マルクスのそれである。……彼は経済生活自体の発展を経済理論を手段として取り扱おうと試みた。彼の蓄積の理論、窮乏化の理論、崩壊の理論は実際純粋に経済学的推論から生じている。そして彼の眼は、単に一定時点における経済生活の循環のみならず、経済生活の展開そのものを思考的に考えぬこうという目標にたえず向けられている。しかし彼の理論の基礎はそれにもかかわらずまったく静態的性質のものである――それは古典派学者の基礎にほかならないからである。そしてたとえその調子は発展の息吹きを感じさせ、叙述の上では静態の要素は後退しているとはいえ、彼の手の中にはなおその性質上当然に古典派的建造物が残っている」と（『経済発展の理論』、上巻、84〜85ページ）。

ただし、マルクスの経済学に学んだとはいっても、その後の理論展開はシュンペーター独自のものです。「静態」の世界には、前に触れたように、労働者と地主以外の経済主体はいませんでしたが、この世界は、経済の分野での新しい可能性をいち早く見抜いた者が「企業家」となり、イノベーションを遂行することによって破壊されます。

「イノベーション」という言葉は、実は、シュンペーターがのちに使い出したもので、『経済発展の理論』では、「新結合」という言葉が選ばれていました。また、「企業家」は、翻訳によっては「企業者」という言葉で表現されていますが、もちろん、両者は同じ意味です。さらに、イノベーションにせよ、新結合にせよ、その具体的な内容が五つ（「新しい財の生産」「新しい生産方法の導入」「新しい販路の開拓」「原料や半製品の新しい供給源の獲得」「新しい組織の実現」）であることも変わりません。ところが、新しい可能性に気づき、企業家がイノベーションを遂行しようとするとき、静態には貯蓄も資本蓄積もなく、わかりやすく言えば、まったく蓄えがなかったので、企業家に資金を提供する者がおりません。

そこで、シュンペーターは、企業家がイノベーションを遂行するとき、同時に「銀行家」を登場させ、それに資金を提供する役割を担わせました。銀行家は信用創造という形で企業家に資金を提供する以上、その企業家が本物かどうかを見極める眼力をもたなければなりません。こうして、企業家が資本家と手を携えてイノベーションを遂行しようとするとき、動態が始動するのです。ここまでくれば、厳密には、動態において初めて企業家と資本家が登場するとシュンペーターがいうのも理解できるでしょう。

企業家がイノベーションを遂行するといっても、ただちにすべてが破壊されるわけではありません。鋭敏な嗅覚でイノベーションの可能性に気づく企業家はごく少数で、極端にいえば一人かもしれません。それゆえ、その企業家は、静態のなかで循環の軌道に従って企業を運営していた人たち（シュンペーターは企業家と区別するために「単なる経営管理者」と呼んでいるが、静態には労働者と地主しかいないので、労働者の一部と考えるほかない）を、イノベーションを背景にした優れた技術力や組織力などによって打ち負かしていかねばなりません。もしその企業家が優位に立っていることが知れ渡ってきたら、その企業家を模倣する者が増えて、イノベーションが群生するようになるでしょう。なぜなら模倣者は、最初に多くの困難を乗り越えようやくイノベーションに成功した企業家よりも、はるかに楽にイノベーションを遂行できるからです。

ここまでくれば、イノベーションの成果が経済体系の隅々にまで浸透し、古い企業は次第に淘汰されていくでしょう。あまり引用されませんが、シュンペーターが次のように言っているのを見逃してはなりません。

「ところでこのような新結合の遂行にともなう諸現象にとって、またそのさいに生ずる諸問題の理解にとって、二つのことがらが重要である。第一に、新結合の遂行者が、この新結合によって凌駕排除される旧い慣行的結合において商品の生産過程や商業過程を支配していた人々と同一人である場合もありうるけれども、しかしそれは事物の本質に属するものではない。むしろ、新結合、とくにそれを具現する企業や生産工場などは、その観念からいってもまた原則からいっても、単に旧いものにとって代るのではなく、一応これと並んで現われるのである。なぜなら、旧いものは概して自分自身のなかから新しい大躍進をおこなう力をもたないからである。先にのべた例についていえば、鉄道を建設したものは一般に駅馬車の持主ではなかったのである。この事情は単にわれわれの基本過程を特徴づけている非連続性に対してとくに明らかな光を投じ、前述の第一種の非連続性〔すなわち軌道の変更〕のほかに、いわば第二種の非連続性〔すなわち発展担当者の変更〕をつくり出すばかりではなく、さらにその付随現象の経過をも支配するのである。とくに新結合が旧結合の淘汰によって遂行される競争経済においては、一方における社会的地位の上昇、他方における社会的地位の下落という競争経済に特有ではあるがあまり注意されていない過程や、その他の一連の個別現象——とくに景気の回転や財産形成機構に関するもの——がこれによって説明されるのである。」（『経済発展の理論』、上巻、183〜184ページ）

前に、企業家はイノベーションを遂行するとき、銀行家の資金的援助が必要であると書きましたが、これはきわめて重要な問題であり、シュンペーターも『経済発展の理論』のなかで詳しく論じています。要は、イノベーションに資金を供給するのが、循環における消費的貸借や流通信用のようなものではなく、イノベーションのためにだけ用意された信用創造だということです。「つねに問題となることは、すでに従来からだれかの手もとに存在していた購買力を移転することではなく、無から新しいものを創造し、これが従来から存在する流通に参加することである。新しい購買力を創造するための信用契約が、それ自身流通手段ではないなんらかの実体的担保に基づく場合にも、同じように無から創造されるといわなければならない。そしてまさにこれこそが新結合の遂行のための典型的な金融の源泉であり、しかも過去の発展の結果が事実上いかなる場合にも存在しないときには、ほとんど唯一の金融源泉となるのである」と（『経済発展の理論』、上巻、195〜196ページ）。

企業家のイノベーションは、銀行家の信用創造によって初めて遂行されるという意味で、企業家と資本家（シュンペーターの理論では「銀行家」のみが真の資本家）は動態が始動する瞬間に一緒に現われるといってもよいでしょう。ただし、企業家と資本家は、経済体系が再び静態に戻れば消滅するので、ふつうの意味での「階級」ではありません。シュンペーターは、あくまで、彼らの「機能」に注目しています。

さて、企業家によるイノベーションの遂行が成功すると（例えば、低コストでの生産を可能にする技術の導入や、新しい販路の開拓など）、静態にはなかった所得、つまり「企業家利潤」が発生します。シュンペーターは、「発展なしには企業家利潤はなく、企業者利潤なしには発展はない」という有名な文章を書いていますが、これは企業家利潤が動態的現象だということを言い換えたものといっても過言ではありません。そして、利潤から利子が支払われる（企業家は銀行家への債務を負っているので、いずれそれを返済しなければならない）という意味で、利子もまた動態的現象にほかなりません。動態において初めて利潤や利子が発生するという主張は、「動態利潤説」「動態利子説」と呼ばれています。利子については あとで再び触れますが、シュンペーターは、成功した企業家がもたらす「社会変動」についても興味深いことを書いています。

「……成功した企業者は社会的に地位が上昇し、彼とともに彼の家族の地位も上昇する。彼の成功の結果は家族に彼らの個人的な行為に直接関係のない基礎を与えることになる。このような社会的地位の上昇は資本主義の世界における最も重要な刺激である。それは旧い経営の没落をともなって現われ、またこれと結びついた人々の没落をともなって現われるために、それにはつねに沈淪、零落、消滅の過程が対応している。この運命は力の衰えた企業者の前にも、あるいは獲物は受け継いだけれどもこれをとらえる爪牙《そうが》を受け継がなかった相続人たちの前にも迫っている。その理由は、あらゆる個々の企業者利潤は涸渇するものであって、競争経済の機構が持続的な余剰価値を許さず、むしろほかならぬその機構の原動力である利潤追求の刺激によって余剰価値が消滅せしめられるということだけではなく、正常の場合には、企業者の成功が経営の所有に具体化され、この経営が新しい企業者によって駆逐されるまでは相続人によって循環的に継続されるのがつねだということにある。アメリカの諺に、三代にして仕事着から仕事着へ（Three generations from overall to overall）、というのがある。これはそのとおりであろう。例外は稀れであり、たとえあったとしても、それはより急速な下降の場合によって十分に相殺されてしまう。企業者やその家族や相続人はいつでも存在しているために、世論や社会的闘争のスローガンもこの事態を看過しがちである。そういった世論やスローガンは「富める人々」を生活闘争に縁のない相続人階級とみなしている。しかし社会の上層はいわばホテルのようなものであって、いつも人々で一杯ではあるが、いつも違った人々で一杯なのである――この人々というのは、われわれの多くのものが認めようとするよりもはるかに著しい程度で下から上がってきた人々である。このことによってさらに新しい問題領域が開かれるのであって、その開拓の実りをえて始めて、われわれは資本主義的競争経済の真の性質とその社会構造の真の性質を認識することができるであろう。」（『経済発展の理論』、下巻、56〜58ページ）

シュンペーターは、『経済発展の理論』のなかで、このような「企業家の文化社会学」ともいうべき文章をところどころ書いていますが、彼の著作目録にはほかにも社会学的な論文がいくつかあるので、「シュンペーターの社会学」だけでも立派にひとつの論文が書けるくらいです。しかし、私は、シュンペーターを、このような仕事もすべて含めて基本的に「経済学者」であったと考えています。もちろん、いまでは、シュンペーターの「経済社会学」や「総合的社会科学」の構想をきわめて高く評価する思想史家もいます（優れた研究として、塩野谷祐一『シュンペーター的思考』東洋経済新報社、一九九五年を推奨する）。けれども、彼の初期における純粋経済学への傾注、ドイツ歴史学派の支配からドイツ語圏の経済学を解放したいという熱望、ケインズ革命への対抗的姿勢など、どれをとっても、彼が経済学者として論陣を張ってきた事実の重みは大きいと思います。ただし本書はそのような解釈上の問題を論じるところではないので、これ以上の論評は控えることにします。

利潤の次に利子の問題に移りましょう。利子論といえば、経済学の教科書のなかでは、投資と貯蓄によって決まる古典派の利子論、貨幣供給量と流動性選好によって決まるケインズの流動性選好説などがふつう解説されていますが、シュンペーターの利子論はこのどちらでもありません。

前にも少し触れましたが、シュンペーター理論では、利子は企業家が稼いだ利潤から支払われるので、動態にのみ発生するものです。静態に利子が存在しないという主張は多くの批判にさらされましたが、ここでは、シュンペーターの理論的枠組みに沿って説明します。静態には労働者と地主以外の経済主体はいませんでした。そこへ、颯爽《さっそう》として天才的企業家が現われ、銀行家の資金的援助を得てイノベーションを遂行します。イノベーションが成功すれば、企業家は一時的に独占利潤に近いものを獲得しますが、資金を銀行家から借りている以上、彼に利子を支払わなければなりません。それゆえ、シュンペーターは、「他の事情が同一ならば、利子は企業者利潤とともに騰落する。企業者利潤こそ利子の源泉であり、この源泉の変動は、購買力に対する需要の増減という媒介を通じて、同方向の利子の変動を直接に惹き起こすのである」と言っています。

もう少し説明を加えましょう。企業家のイノベーションへの意欲が高まると、銀行家の信用創造に対する需要も強まります。利子は動態において初めて発生しますが、企業家のイノベーションが群生するようになり、資金需要が増大していくと、利子が発生するばかりでなく、当然、利子が高まっていきます。ということは、「利子の高い状態は国民経済の繁栄の一つの指標であると一般的にいうことができる」ということです。換言すれば、「繁栄」とは、将来の発展の可能性があふれているということであり、逆に、高度に発展してしまった国民経済では、発展の可能性が欠如しているので、利子は相対的に低くなるとも言えるのです。

ただし、留意すべきは、利子は、利潤と同じく動態的現象ではあるものの、「発展の成果に対するプレミアム」であり、「発展に対する一つの抑制因」でもある点で、「企業者利潤に対する租税」の一種であると捉えられていることです。イノベーションの可能性はいつか枯渇していき、利潤も次第に稼げなくなるとすれば、利子の存在が企業家のイノベーションの遂行にマイナスの影響を与えることは十分に考えられます。そして、発展の成果が国民経済全体に浸透し、再び静態の世界に戻ったとき、利潤も利子も消滅するのです。

以上をまとめて、シュンペーターの発展理論の骨子を提示してみましょう。静態の世界に天才的企業家が現われて、銀行家の資金的援助を得てイノベーションの遂行に成功したとしましょう。ここから動態が始動します。企業家は成功報酬ともいえる利潤を得て、その中から銀行家へ利子を支払います。しかし、先陣を切った企業家のイノベーションのやり方を模倣しようとする企業家が群生するようになって初めて大きな力となり、経済体系を「好況」へと導きます。この辺のシュンペーターの叙述は、『経済発展の理論』のなかでもっとも異彩を放っているので、多くの読者がこの部分に惹かれるのは不思議ではありません。

けれども、静態を動態に導く企業家や銀行家の役割を理解しただけでは、好況になる理由はわかっても、そこから先へ議論を進めることはできません。永遠の好況などはあり得ないからです。好況は企業家によるイノベーションの遂行が群生するようになって生まれるものですが、経済体系はイノベーションによって創られた、このような新事態に対して適応しなければなりません。イノベーションの群生は、やがてその成果である新商品を大量に市場にもたらすでしょう。価格は需給関係から当然下落していきます。さらに、企業家は銀行家に利子を支払わねばならないので、イノベーションが枯渇すると、企業家の銀行家への債務支払いが重なり、信用が収縮していきます。

これが「不況」時にみられる現象です。これらは、経済体系が新事態への適応を完了し、再び静態の世界に戻るまで続きます。ただし、この静態の世界は、動態が始動する前の静態と違って、発展の成果が経済全体に浸透しているので、わかりやすくいえば前よりも「豊かさ」を体現しています。不況が好況に続き、再び静態に戻るまでの過程は、動態の論理だけでは決して理解できず、静態の論理を援用しなければなりません。私は、初めに、シュンペーターの発展理論が静態・動態の二元論的構造をもっていると特徴づけましたが、『経済発展の理論』をくまなく読み込んだ読者なら、彼が次のように言っていたのを見落としはしないでしょう。

「「好況」現象の唯一の原因である企業者の群生的出現は、均衡状態の連続的な、つねに目立たぬ攪乱ではなくて、大きな断続的な攪乱、すなわち次元を異にする攪乱を意味する限りにおいて、連続的な、時間的に均等に分布した出現の国民経済に及ぼす影響とは質的に異なった影響をもつ。連続的出現によって連続的に惹き起こされた攪乱は連続的に吸収されうるのに対して、群生的出現の結果としては、特別の判然たる吸収の過程、新しいものの採用の過程、国民経済の新しいものへの適応の過程、整理過程、あるいは私が先にのべたように「静態化」の過程が起こらなければならない。この過程は周期的不況の本質であり、したがってわれわれの立場からすれば、それは、国民経済が好況の「攪乱」によって変革された与件に適応した新均衡状態に接近しようとする苦闘であると定義してよい。」（『経済発展の理論』、下巻、３４３ページ）

シュンペーターは、『経済発展の理論』のなかでは、「正常な」適応過程である不況と、「異常な」整理過程である「恐慌」とを慎重に区別していますが、それは静態・動態の二元論的構造をもつ、彼の発展理論の本質を損なうものではありません。

そして、不況がイノベーションが創り出した新事態への適応過程である以上、不況であることだけを理由に政府が何らかの対策を講じるのは、そのような適応過程を妨害するのでよろしくないということが含意されています。その証拠に、シュンペーターは、「結局において最も重要な、そしていかなる異論にも曝されない唯一の治療法は景気予測の改善である」と述べるにとどまっています。しかも、それにも限界があることを認めなければならない、という趣旨の文章で『経済発展の理論』を閉じています。このような文章が経済学の教科書向きではないことはいうまでもありません。

二　大衆に愛されたガルブレイス

学問の世界では、大衆的人気があり、メディアにしばしば登場する学者や研究者は敬遠される傾向があります。アメリカでも日本でも、例えばテレビによく出てくる人が学問的にも立派な業績をあげているとは限らないからです。もちろん、例外はありますが、一流の学者や研究者を目指している若者は、ふつうは、学術誌に論文を投稿し、それが掲載可能となったとき喜びを感じるものです。そのような業績を積み上げるしか、学者や研究者になる道はほとんどありません。

学界とはそういう世界なので、大衆的人気があるということは必ずしもプラスにはならないと言ってもよいかもしれません。ジョン・ケネス・ガルブレイス（1908-2006）もそのような経済学者の一人ですが、彼の場合は、人気があるだけでなく、その上、文章もうまく、ある程度の政治力もあるとなれば、学界に警戒されるのも不思議ではありません。戦後、「新古典派総合」の経済学で一時代を築いたサムエルソンは、こんなことを言ったことがあります。

「私は20年前のこと、経済学者仲間で同僚相手の会長演説で、経済学者でない人たちはガルブレイスを重要視し過ぎるが、同じ分野のわれわれは彼を軽く扱いすぎると、あえて言ったことがある。……学会に籍をおくものの多くは、文章がうま過ぎることは一種の犯罪――重罪でないまでも非行――であると考える。つまり名文でもって、自分の考えの重要性をその真正の価値以上にふくらませてしまうというわけだ。この考え方からすると、ガルブレイスは自動的に嫌疑をかけられることになる。読者数が多過ぎるような人は、したがって軽薄であるはずだと言われる！」（ポール・A・サムエルソン『経済学』原著一一版、下巻、都留重人訳、岩波書店、一九八一年、900〜901ページ）

ガルブレイスは、単なる「象牙の塔」の経済学者ではなく、ルーズヴェルト政権の物価統制官やケネディ政権の駐インド・アメリカ大使などをつとめたほどの政治家でもありましたが、文章についていえば、戦後の一時期、『フォーチュン』誌の編集者をしていたときの上司から、文章の書き方を徹底的に鍛えられたと言われています（詳しくは、拙著『ガルブレイス――異端派経済学者の肖像』白水社、二〇一六年を参照してほしい）。現代の経済学は、数学を多用しているので、論文を読んでいるというよりは、数式を追っているだけの錯覚に陥りがちですが、ガルブレイスは、時流に抗して、最後まで「文章経済学」の人でした。

自説を数理モデルの形で表現しない、あるいは表現できないということは、初めから経済学界の大勢に背を向けているのと同じですが、その代わり、一般大衆や経済学が専門ではない研究者（社会学や哲学などの専門家）に読まれる機会が増えることによって、ガルブレイスの影響力が増したという「副産物」をもたらしました。学界のほうはガルブレイスの大衆的人気にあとで気づき慌てて、彼は「経済学者というよりも社会学者なのだ」とか、「単なるメディア・タレントに過ぎない」とか、いろいろな表現でガルブレイスを貶《おとし》めようとしました。しかし、彼が指摘したことが、現代資本主義の特徴を捉えていなければ、簡単に無視されたのではないでしょうか。ガルブレイスの場合は、「読み物」のような形をとった著作が、わざわざ学界で賛否両論を含めて論争の的になっただけでも、単なる「経済評論家」とは違う、なにか特別の魅力があったわけです。

ガルブレイスの著作のなかでもっとも有名なのは、おそらく『ゆたかな社会』（一九五八年）でしょう。この本を有名にした造語（「依存効果」や「社会的アンバランス」など）については後に触れますが、彼がこの本で狙ったことは、一言でいえば、「通念」（conventional wisdom）を疑う態度を身につけるということでした。通念とは、世間で常識のように何の疑いもなく受け容れられている考えといってよいものですが、経済学界の場合は、その時代の主流派経済学のなかで「公理」のように受け容れられている基本概念と捉えることができるでしょう。ガルブレイスは、別の機会に「制度的真実」という言葉も使ったので、拙著ではその表現を何度か使いました（『ガルブレイス』、前掲、参照）。

若き日のガルブレイスは、ケインズの教えを直接受けたいと熱望してイギリスのケンブリッジ大学に留学したほどのケインジアンでしたが（残念ながら、その頃のケインズは病気療養中で、ケインズから直接学ぶという希望は叶わなかった）、まもなくケインズ政策によって完全雇用がたとえ実現されたとしても、まだ残る問題があることに気づきました。それは、民間部門と公共部門への資源配分という問題であり、もっと端的にいえば、アメリカでは資源が公共部門を犠牲にして民間部門に偏って配分されているということでした。これをもたらした根本的な原因は、ガルブレイスによれば、彼が「依存効果」と名づけたものにありました。

経済学の教科書には、初歩的な概念の一つとして「消費者主権」が解説してあります。企業は消費者の欲望を満たすためにさまざまな財を生産しているわけですが、消費者主権とは、何が生産され何が生産されないかを決めるのは消費者の選好なのだという考え方を指しています。しかし、現実はどうでしょうか——。私たちの欲望は、企業が出す広告や宣伝などによって操られているのではないか。欲望の全部がそうではないとしても、新製品などは企業のテレビコマーシャルをみるまで知らなかったものが多いのではないか。ガルブレイスは、このように欲望が消費者の内から発するよりも、企業側つまり生産に依存していることを「依存効果」と呼んだのです。

「……社会がゆたかになるにつれて、欲望を満足させる過程が同時に欲望をつくり出していく程度が次第に大きくなる。これが受動的におこなわれることもある。すなわち、生産の増大に対応する消費の増大は、示唆や見栄を通じて欲望をつくり出すように作用する。高い水準が達成されるとともに期待も大きくなる。あるいはまた、生産者が積極的に、宣伝や販売術によって欲望をつくり出そうとすることもある。このようにして欲望は生産に依存するようになる。専門的な用語で表現すれば、全般的な生産水準が低い場合よりも高い場合の方が福祉はより大きい、という仮定はもはや妥当しない。どちらの場合でも同じなのかもしれない。高水準の生産は、欲望造出の水準が高く、欲望充足の程度が高いというだけのことである。欲望は欲望を満足させる過程に依存するということについて今後もふれる機会があると思うので、それを依存効果（Dependence Effect）と呼ぶのが便利であろう。」（『ゆたかな社会』第四版、鈴木哲太郎訳、岩波同時代ライブラリー、一九九〇年、２１８ページ）

ガルブレイスが若き日に傾斜したケインズ経済学では、高水準の生産は高水準の雇用と結びついており、非自発的失業者を減らすという意味では望ましいはずでしたが、ガルブレイスは、「ゆたかな社会」になって依存効果が不要不急の欲望を次から次に創出することによって生産水準が高まるのは、必ずしも経済厚生上のぞましくないのではないかと考えるようになったのです。

ところが、民間部門の大企業が宣伝や広告を通じて特定の銘柄のビールや電化製品などに対する欲望を創出しているという意味で、依存効果の威力をよく理解しているのに対して、公共部門では依存効果がほとんど働いていない（政府や地方公共団体が、例えば社会資本の必要性について効果的に宣伝活動をしている例はあまり聞かない）というのが現状です。つまり、依存効果の介在によって、資源は公共部門の犠牲の上に民間部門に優先的に配分されているのです。ガルブレイスは、これを「社会的バランスの問題」と言っていますが、もっとわかりやすく言えば、「社会的アンバランス」と呼んでもよいでしょう。

「社会的バランスの問題は普遍的なものであり、また目ざわりに思われることもしばしばある。前に述べたように、自動車の消費がふえると、交通を助けるための街路、高速道路、交通整理、駐車場が必要とされる。警察やハイウェイ・パトロールの保護的サービスも、病院のサービスも必要になる。こうしたバランスの必要は非常に明らかであるにもかかわらず、私的に生産される車輛の使用が、関連する公共的サービスといちじるしくバランスを失して増加したことが多かった。その結果、道路の混雑がひどく、毎年交通事故がひんぴんと起こり、市内の交通はいつもつかえている。地上ばかりでなく空中でも同様である。公共的な航空管理が航空路の私的な使用に追いつかない場合には、飛行場の上で航空機が遅延したり、衝突したりして、乗客はひどい目にあう。

しかし、自動車や飛行機とそれらを使用するためのスペースとの関係は、普遍的な必要が例外的に明瞭な形で現われた一例にすぎない。人びとの手に入る財貨が多ければ多いほど、捨てられる包装も多く、屑の清掃も多くなる筈である。しかるべき衛生上のサービスがなければ、裕福さの増大はかえって不潔さをひどくするだけであろう。富が増大すればするほど、きたなさが増すことになろう。現代にはこうした傾向がはっきりとみられる。財貨の生産と所有がふえれば、詐欺の可能性も多くなり、保護されるべき財産が多くなる。警察の活動が伴わなければ、福祉の増大の反面に犯罪が増加することは間違いなかろう。」（『ゆたかな社会』、前掲、３０９〜３１０ページ）

自由放任主義のイデオロギーが根強く残っているアメリカでは、資源が民間部門と公共部門のあいだにどのように配分されるかは「市場」に任せればよいのだという考え方も有力ですが、ガルブレイスによれば、それでは、民間部門のみかけ上の「ゆたかさ」と、公共部門の「貧しさ」という社会的アンバランスはいつまでも解決しないので、政府が行動を起こす以外にないというのです。彼は、このような主張が「社会進化論」（自然淘汰のように競争に打ち勝った優れたものが生き残っていく）の影響を受けたアメリカの「市場信仰」と衝突することを十分に意識していました。実際、保守派は、政府が市場の資源配分機能を妨害するような干渉をおこなうことを嫌っていました。それだけになおのこと、ガルブレイスは、「通念」や「制度的真実」を疑う態度を身につけることを読者に要請したのでしょう。

『ゆたかな社会』で主流派経済学の「消費者主権」の虚構性を暴いたガルブレイスは、『新しい産業国家』（一九六七年）では、「完全競争モデル」の非現実性を俎上《そじょう》に載せました。彼は、ルーズヴェルト政権の物価統制官や『フォーチュン』誌の編集者をしていた頃から、アメリカ経済が完全競争をはるかに超えて大企業が大なり小なり「権力」をふるうような体制が出来上がっており、そのような「大企業王国」を解明しなければ経済学は現実に応えられないと信じるようになっていました。

『新しい産業国家』を有名にした「テクノストラクチュア」（資本家でも単なる経営者でもない、大企業内部の専門家集団。彼らが大企業における重要な意思決定にかかわり、「市場の不確実性」を乗り越える「計画化」を担うというのがガルブレイスの主張の一つ）や、「計画化」

の手段としての管理価格・消費者需要の操作・内部金融化などは、直接『新しい産業国家』を参照してほしいのですが、その本のアイデアの一部がすでに『アメリカの資本主義』（一九五二年）のなかに登場していることはあまり触れられないので、以下、その点を補足しておきましょう。

アメリカでは、アドルフ・バーリとガーディナー・ミーンズによる『近代株式会社と私有財産』（一九三二年）が「所有と経営の分離」という実態を明らかにして以来、所有者（つまり、資本家）と分離された経営者の役割への関心が高まりましたが、経済学の世界では、「独占」「寡占」「独占的競争」「完全競争」の区別はあるものの、ミクロ経済学は依然として完全競争モデルが支配的な地位を占めていました。『アメリカの資本主義』の初版が出版された当時、いまだ一般均衡解の存在証明がなされていなかったので、無理からぬことだったかもしれません（その証明は、一九五四年になって、ケネス・J・アローとG・ドブリューによって成し遂げられた）。しかし、ガルブレイスは、完全競争モデルが企業の「権力」の問題を覆い隠すことを痛烈に批判しました。

そのような批判の背景には、アメリカ経済が「大企業体制」とも呼ぶべきものに変貌してしまったという現状把握がありましたが、そればかりでなく、ガルブレイスは、小企業よりは大企業のほうが技術革新を推進するための組織と資金を握っていることを積極的に評価しています。このような考え方には、晩年のシュンペーターの著作『資本主義・社会主義・民主主義』（一九四二年）の影響もあったでしょう。シュンペーターも、イノベーションの担い手が「競争的資本主義」段階における英雄的な一人の企業家から、「トラスト化された資本主義」段階における大企業内部の専門家集団へとシフトしていった事実を指摘していました（拙著『シュンペーター』、前掲、参照）。しかし、二〇世紀初頭には自分の思想をほとんど完成していたシュンペーターと違って、二〇世紀も中頃から主要著作を発表していったガルブレイスは、最初から、大企業体制の研究に取り組んだといってもよいでしょう。

完全競争モデルから離れた大企業体制は、静態論的枠組みでは「経済的効率性」に劣るといわれたものですが、ガルブレイスは、そのような「通念」に真っ向から反対していきます。

「……競争モデルの先入観念に染まった者には、この偽装はほぼ完璧である。典型的なアメリカの産業、つまり一握りの巨大企業により支配されている産業を動かしている誘因は、実際には最低の価格で最大の生産を行う方向に機能しているのではない。個々の企業の市場支配力は、若干の重要な制約を受けるが……、いかなる時であれ、理想的な水準よりも高い価格が得られるように行使され、その結果、生産は少なめに抑えられる。消費財産業部門では、疑いもなく、大きなエネルギーが種々の形の販売努力に注入されるが、それは消費者大衆に恩恵をもたらしているわけではなく、また彼らの要求に応えるものでもない。

しかしながら、こうした非効率的行為の多くには、その埋め合わせとなるものがある。それは技術革新である。しかも、これまでわれわれの苦しみゆえにわれわれを愛し給うた恵み深き神は、少数の大企業が支配する現代の産業を技術革新を誘発するのにまさに恰好なものにしている。大企業は技術開発のために必要な資力を十分に備えている。またその機構は技術開発に取り組み、それを実用に供させる強力な誘因を提供している。それとは対照的に、競争モデルの競争は、技術開発をほとんど完全に排除してしまっているのである。」（『アメリカの資本主義』新川健三郎訳、白水社、二〇一六年、114ページ）

「比較的少数の大企業が支配している産業部門においては、価格競争を排除する慣行も技術開発を抑制したりはしない。技術開発は依然として市場での競争の重要な武器の一つである。その場合の典型的な企業は大企業である。大企業は資金を現代の技術開発に必要な規模で調達することができる。実際にそれらの資力の一部は市場支配力の所産――独占利潤――である。そして模倣されることが考えられ、覚悟しなければならないが、価格競争を制限する慣行のために、新製品あるいは生産費を引き下げる新製法のいずれによるのであれ、その報酬は少なくとも一定期間、競争者だけなく発明者自身の手にまちがいなく確保される。しかも市場支配力が存在するため、この有利な期間の長さをある程度制御することができるのである。」（同、116～117ページ）

このような考え方は、のちの『新しい産業国家』へと受け継がれていきますが、ガルブレイスが初期からアメリカの大企業体制に関心をもっていた証左でもあるでしょう。

ただし、『アメリカの資本主義』のなかには、もう一つ重要な概念があります。それは、ガルブレイスが「拮抗力」（countervailing power）と名づけたものです。市場が完全競争から独占的競争や寡占にシフトしていくと、高価格と生産制限が現われるので経済厚生上のぞましくないと主流派の教科書には書いてあります。たしかに、その傾向は、どこの国でも大なり小なり現実に観察されます。ガルブレイスは、右にみたように、大企業体制が技術革新において小企業よりも圧倒的に有利なポジションにあると反論したわけですが、さらに、大企業体制の権力に対峙する側に「拮抗力」が十分に育つならば、主流派が懸念するマイナス面はかなりの程度回避されると考えました。

例えば、大企業がメーカーとして権力をもつようになると、その権力に対抗する強力な小売業者（チェーンストアやスーパーマーケットなど）が台頭していきました。あるいは、大企業は労働力の買い手としても権力をもっていますが、その権力に対抗する強い労働組合が形成されていきました。これらの「拮抗力」が有効に働けば、大企業体制の弊害は除去されるというわけです。

主流派の経済学は、財市場・労働市場・金融市場における自動調整機能（「価格メカニズム」とか「市場メカニズム」とも呼ばれていますが）に信頼をおいているのですが、ガルブレイスは、それは大企業体制のもとではきわめて不完全にしか働かず、むしろ「拮抗力」

の成長に期待をかけたほうがよいと主張しました。これは、当時、「異端派」の見解でした。

「経済学者はこの点もっぱら競争を当てにするようになったし、公式の理論上は今もなおそうである。経済には別の調整装置があるかもしれないという考え方は、経済思想からほとんど完全に排除されてきた。こうして古典的な形態での競争が広範囲にわたって消滅し、それに代ってたとえ公然とではないにせよ、少なくとも一種の慣行や暗黙の了解の下に共謀した少数の企業の集団が登場すると、競争が消滅したのであるから、もはや企業の支配力にたいする効果的な抑制装置は全然存在しないと考えやすい。こうした結論は、他の抑制装置が求められないかぎりほとんど必然的であり、事実、競争にかんする先入観があまりに強固だったので、そうしたことはまったく行われなかったのである。

だが実際には、私的権力にたいする新しい抑制装置が競争にとって代り出現していた。それらは、競争を阻害し、破壊したのと同じ集中化の過程によって育まれた。だがそれらは市場の同じ側ではなく反対側に、競争者のあいだにではなく、顧客であれ仕入先であれ、まさに相手側に出現したのである。こうした競争とは対照的なものに何か名称をつけるのが便利であり、私はそれを拮抗力（countervailing power）と呼ぶことにしたい。」（『アメリカの資本主義』、前掲、１４３ページ）

もちろん、「拮抗力」は自然に発生し成長するものもあれば、政府が積極的にその育成を図らなければならないものもあります。例えば、一九三〇年代のアメリカでは、ルーズヴェルト政権が、「ニューディール」の一環として、ワーグナー法による労働者の組織権や団体交渉権の保障、最低賃金法による未組織労働者の保護、農産物価格の支持政策などを次々に打ち出しましたが、これらは政府が「拮抗力」の育成を自然に任せるのではなく、意図的に関与する場合です。

ガルブレイスの経済学は、このように数理モデルではなく「文章」によって主流派の根本的な前提や概念の盲点を突くという形で展開されるので、元から教科書の内容にはそぐわないのでした。教科書の内容をきちんと学ぶことは初学者には不可欠ですが、ガルブレイスの著作は、スタンダードな経済理論をすでに修めた人たちが読んでこそ「蒙を啓《ひら》かれる」と言えるかもしれません。

三　金融危機のたびに思い出されるミンスキー

ハイマン・P・ミンスキー（1919-96）は、アメリカにおける「ポスト・ケインジアン」、つまり異端派経済学者の一人です。彼は、まだ新古典派総合が学界の主流派であった頃、『ジョン・メイナード・ケインズ』（一九七五年）という小さな本を書きました（堀内昭義訳『ケインズ理論とは何か』岩波モダンクラシックス、一九九九年、初版一九八八年）。この本は、ケインズ解説書としての体裁はとっているのですが、全体はミンスキー流のケインズ解釈、あるいはミンスキー自身の貨幣的経済理論の入門書としても読めるように書かれています。

ミンスキーは、のちに触れるように、「金融不安定性仮説」で有名ですが、例えばリーマン・ショックのような金融危機のとき、しばしば「ミンスキー・モーメント」という言葉が経済誌で使われたように、好景気のときには忘れられるものの、いつも「危機」とともにその名前が思い出される、ユニークな経済学者です。*

＊　例えば、『エコノミスト』誌の記事を参照。

https://www.economist.com/news/economics-brief/21702740-second-article-our-series-seminal-economic-ideas-looks-hyman-minskys

ミンスキーは、長いあいだ、セントルイス・ワシントン大学の教授をつとめましたが、晩年、バード大学レヴィ経済研究所の"Distinguished Scholar"だったので、幸いなことに、その重要論文がデジタル化されてアーカイヴに収められています。関心のある読者には、そのウェッブサイトを利用することをおすすめします。**

** https://digitalcommons.bard.edu/hm_archive/

さて、ミンスキーのケインズ解釈（そして、ミンスキーの貨幣的経済理論も）のユニークさは、企業金融の債務構造に焦点を合わせていることです。ケインズは、『一般理論』のなかでは、その点にほとんど触れていないので、これはミンスキー解釈の特徴と言えます。

ミンスキーは、次のように言っています。

「資本主義経済における根本的な投機的意思決定は何かと言えば、それは企業、家計、あるいは金融機関が通常の生産活動から期待されるキャッシュ・フローのうち、どれだけを債務の利子支払いおよび元本の返済のためにとっておくかにかかわる意思決定である。債務（負債）は資産保有のポジションを融資するために――その購入代金を支払うために――発行される。たとえば生産企業にとって、工場や設備は保有資産である。債務契約によって、日付の定められた現金支払い、要求に応じて支払わなければならない現金支払い、そしてある定められた条件が満たされた場合になされねばならない現金支払いが設定される。各企業はそのような契約をいつ取り結ぶべきかについてタイミングを見計らう。企業は、これらの契約を締結するにあたって、どのような場合に返済ができるか、また、どのような場合に返済ができなかったり、高い費用を負担してのみ返済できるかを念頭に置いている。資産を保有するために、ある債務構造を選択する企業は、将来における経済状況が現金払いの契約の履行を許すようなものであろうと読んでいるのである。つまり、企業は不確実な将来の賭の目は、自分たちに都合のよいものであろうと推測しているわけである。債務契約は契約条項の他の部分で貸手の利益を保証しているかもしれない。しかし、たとえそのような場合でも、債務を購入する貸手もまた、借手企業とならんで、現金支払いの契約が守られるだろうという賭を行っているのである。幾重にも重なった金融構造においては、債務を購入している貸手自身が債務をかかえているであろう。そしてその債務を返済できる能力は、それが保有する資産、つまり他者の債務から受け取るキャッシュ・フローに依存している。」（『ケインズ理論とは何か』、前掲、136〜137ページ）

ミンスキーは決して難解なことは言っていません。これは、現実の企業にとっては、きわめて真っ当な視点でしょう。要するに、資金の借り手である企業は、金融債務から生じる元本の返済および利子の支払い（債務返済のキャッシュ・フロー）と、生産活動などから生じると期待されるキャッシュ・フローをつねに比較しながら行動すると言っているわけです。このような考え方は、ミンスキーの著作や先に紹介したアーカイヴに収められた論文などで繰り返し指摘されています（日本語で読めるものとしては、例えば、『投資と金融』岩佐代市訳、日本経済評論社、一九八八年があります）。しかし、ミンスキーの不満は、アメリカの新古典派総合的ケインズ理解（そしておそらくはケインズ自身も）では、このような視点が欠落していることにありました。

ミンスキーは、ケインズが株式市場を例にとって、不確実な状況での大衆心理の不安定性を語ったように、「生産構造と金融機関の債務構造」が脆《もろ》い基盤の上に立っていることに注目しています。ミンスキーは、次のように言っています。

「……この債務構造は明らかに慣習、あるいは流行と言ってもよいものの所産である。資金の貸借がおこなわれる経済においては、生産や市場開発へ工夫が注がれるのと全く同様に金融革新の開発、導入に心血が注がれる。金融は「現在の状況が無限に続く」(『一般理論』一五二頁)という仮定にしばしば立脚している。しかし、もちろんこの仮定は正しくないことが判明する。ブーム期はキャピタル・ゲインおよび資産価値の上昇を伴う好況の状態である。負債デフレと景気沈滞期にも、現在の状況が常に続くという同じ常套的な仮定が置かれる。つまり、負債は災厄につながるから、借入れは避けなければならないというのが支配的な考え方となる。景気回復が完全雇用に近づくにつれて、その状況の下での人々のムードは、景気循環はこの地上から消滅し、恒久的な繁栄の新しい時代が始まったのだという具合になる。新しい政策手段——それが中央銀行による金融政策であろうと、財政政策であろうと——が経済学者によって提言される非常に洗練された政策と相俟って、経済危機および負債デフレが今や過去の遺物であると受け合うので、借入れが積極的におこなわれる。しかし、真実はどうかと言えば、ブームも、負債デフレも、景気沈滞も、そして言うまでもなく景気回復や完全雇用成長も、無限には続かないということなのである。どの経済状態も、それ自身を破壊する力を育むのである。」（『ケインズ理論とは何か』、前掲、202〜203ページ）

二〇年も前なので、人々は忘れているかもしれませんが、好景気に沸く一九九〇年代後半のアメリカで、「もはや景気循環は消滅した」と言わんばかりの「ニュー・エコノミー論」が論壇で台頭したことがありました。つまり、当時、情報通信技術や経済のグローバル化が急スピードで進みつつあったので、そのおかげで、生産性の上昇、企業収益の増大、新たな設備投資や技術開発費の増大を通じて、潜在成長率の増大や失業率の低下という経済の質的転換が起こったというのです。もちろん、まともな経済学者でそれを単純に支持した者はほとんどいなかったのですが、論壇はいつも現在進行している目先の現象に惑わされるものです。その頃の経済誌をみれば、「ニュー・エコノミー」という言葉がしばしば登場していることに気づくでしょう。ミンスキーに言わせれば、そのような主張は単なる「思い込み」か「願望」に過ぎないということになるでしょうか。ミンスキーは、続けて次のように言っています。

「経済におけるすべての市場の中で、株式と実物資本に対する支配力を獲得するのに用いられる投資および金融資産の市場が、大変頼りにならない慣習に立脚していることは非常に明白である。したがって、「非常に恣意的な物の見方という点で、慣習は弱点をもっているに違いない。今日（一九三五年）われわれが当面している十分な投資の確保という問題の少なからぬ部分が、この慣習の当てにならない点によってもたらされる。」（『一般理論』一五三頁）

われわれの議論の結論は、標準的ケインズ派理論に欠けているのは、資本主義経済における金融メカニズムを景気循環と投機という文脈において明示的に考慮することだったということである。資本家の金融行動が導入され、経済の様々な状態における（関連しあっているバランス・シートにおいて表示される）キャッシュ・フローの推移を明示的に検討すれば、ケインズが展開した革命的な洞察と、彼の新しい分析枠組のもっている大きな力がただちに明らかになるのである。」（『ケインズ理論とは何か』、

前掲、203ページ）

このような理解は、アメリカで標準的なケインズ解釈（45度線やIS/LMによるケインズ理論のモデル化）とは明らかに異なる異端派的なものですが、ミンスキーの問題意識には直接つながるものなので、見逃すことはできません。前に触れたように、ミンスキーは、資金の借り手が負う金融債務から生じる元本の返済プラス利子の支払い（債務返済のキャッシュ・フロー）と、彼の生産活動などから生じると期待されるキャッシュ・フローとを比較考量して、後者が前者よりも大きいとみなされるときの資金融通を、健全性の順に、「ヘッジ金融」「投機的金融」「ポンツィ金融」の三つに区別しました（この区別は、彼の著作『投資と金融』のほか主要論文にも幾度も登場する）。「ポンツィ」とは、アメリカの投資詐欺師チャールズ・ポンツィの名前に由来していますが、一種の「ねずみ講」のような不健全性の一番高いものです。

景気が上向くにつれて、金融ポジションも、ヘッジ金融から投機的金融へ、景気が過熱気味のときは投機的金融からポンツィ金融へと移行していきますが、ポンツィ金融は経済の実態を反映しないので、長続きせず、いつかは「ミンスキー・モーメント」つまりは金融危機が発生します。これを「金融不安定性仮説」と呼んでいます。
　ミンスキーは一九九六年に亡くなりましたが、このような視点からみると、その後、「IT革命によってもはや景気循環はなくなった」とか、「アメリカ経済は永遠の繁栄を享受するニュー・エコノミーになった」という言説がアメリカの論壇でもてはやされるようになったのは、彼にとって誠に残念なことだったでしょう。あるいは、そのような展開が予想できたがゆえに、新古典派総合的なケインズ理解ではなく、債務構造に注目した独自のケインズ解釈に固執したのかもしれません。彼がふつうの意味でのケインズ政策だけではなく、もう一歩踏み込んだ政策提言をしていることにも注意して下さい。

「われわれが提示したケインズ解釈と最近の経験とに照らしてみれば、資本主義経済の繁栄に限界があることは明らかである。資本主義経済が深刻な金融危機と景気循環を生み出す傾向はいまだにみられるし、現在の制度の下でこの傾向を解消しようとすれば、加速的とは言わないまでも、継続的なインフレーションを招かざるを得ないと思われる。しかし、新しいケインズ解釈によれば、適切な政策を講じることによって、われわれは今よりももっと良い実績をあげることができる。もっと良い結果を生み出

すために は、第一に、民間企業の債務構造を規制する必要がある。投資および資本ストックの保有（ポジション）のための借入資金調達は規制されねばならないであろう。大規模企業についてはとくにそうである。加えて、目に見える利益を生み出さないような民間投資、および政府投資、つまり軍事的投資に高度に依存することは改められるべきである。労働者と貧しい人々の所得が、豊かな人々の所得増加の「おこぼれ」の結果として増加するような政策に代って、貧しい人々の所得が直接に維持され増加し、豊かな人々が偶然の結果として生み出されるような新しい政策が採用されるべきである。」（『ケインズ理論とは何か』、前掲、２６３ページ、傍点は引用者）

傍点を付したところを注意して読んで下さい。「民間企業の債務構造を規制する」「軍事的投資に高度に依存することは改められるべきである」などの政策は、ふつうのケインズ政策には含まれませんが、ミンスキーのケインズ理解から出てくるのは別に不思議ではありません。ミンスキーの立場は、新古典派総合よりもイギリスのジョーン・ロビンソンやニコラス・カルドアなどのポスト・ケインジアンのほうに近いと言ってよいと思います。人によっては「左派」と形容するかもしれません。レッテルはどうでもよいのですが、私には、ミンスキーの政策提言は、ケインズが「投資の社会化」と呼んだものの具体化であるように思えます。ケインズは、『一般理論』のなかでは、「投資の社会化」の具体的な内容にはあえて触れなかったのですが、ミンスキーは、それをみずからの枠組みに見事に採り入れているのです。

ところが、リーマン・ショックのような金融危機が発生したとき、ミンスキーの名前が引き合いに出されることはあっても、彼の経済理論の内容が一般に広く知られるようになったわけでも、教科書のなかに採り入れられるようになったわけでもないのが真実です。ミンスキーを教科書に馴染まない一人に挙げたゆえんです。

[コラム⑤] 日本人とシュンペーター

シュンペーターは日本で根強い人気があります。もちろん、二〇世紀経済学のもう一人の天才ケインズも同じくらい人気があると反論されるかもしれませんが、欧米において、「企業家精神」とか「イノベーション」のようなキャッチフレーズだけでなく、経済学者としてのシュンペーターの評価がきわめて高いかといえば、簡単に「イエス」とは言い難いと思います。

ケインズの経済理論は、45度線やIS/LMのような標準的な解釈がモデル化されているので、経済学部の学生なら、どのような理論なのかは、ある程度具体的なイメージをもつことができます。しかし、シュンペーターの経済理論となると、「企業家」「イノベーション」「創造的破壊」などのキーワードは思い浮かぶものの、体系的に説明せよと問うたときに、正確な答えが返ってくる割合は低いように思われます。以前、アメリカで出版された有名な経済学の教科書のなかに、ケインズの名前はあっても、マルクス、シュンペーター、ヴェブレンが出てこないというのを知ったときは驚いたものですが、同時にある程度予想もつくような気がしました（拙著『物語 現代経済学』中公新書、二〇〇六年、エピローグ参照）。

実は、野心家だったシュンペーターは、自分の経済理論も厳密な「モデル化」を目指さなければならないと考えていました。高等数学には馴染みがなかったにもかかわらず、必死でそれを勉強し、ハーヴァードに赴任したときには、数理経済学や計量経済学をカリキュラムに積極的に採り入れて、内容の刷新を図ろうとしたくらいです。しかし、彼自身が、数理経済学や計量経済学の分野で業績を残すことはなかったのです。ある人が、シュンペーターは、数理経済学や計量経済学の「パトロン」であったと言ったことがありますが、実に巧い表現です。どういうことかといえば、彼は、若く才能ある大学院生たちが、自分にはできなかった数理経済学や計量経済学の研究を手がけるのを積極的に応援したということです。

そんなシュンペーターは、日本や日本人が大好きでした。ボン大学やハーヴァード大学で優秀な日本人を弟子にもったことも関係があるでしょうが（中山伊知郎、東畑精一、都留重人など）、一九三一年に来日したときの印象が後まで鮮明に残ったようでした。各地で公演の傍ら、日光や京都に遊び、とくに京都の文化や芸術遺産には釘付けになりました。その後、紫式部の『源氏物語』を英訳で読んでいますし、日本から学者が訪れると極力時間を割いて面談していました。

晩年のシュンペーターの大作『景気循環論』（一九三九年）がケインズ革命の余波でほとんど学界から無視されたあと、彼は内心寂しかったに違いありません。それでも、気晴らしに書いた『資本主義・社会主義・民主主義』が意外に好評で、彼の本のなかではおそらくもっとも多くの読者を得た作品の一つになりました。資本主義という経済体制は社会主義と比較してどのような特徴をもつのか、資本主義は生き延び得るのか、社会主義の時代は来るのか等々は、経済学者ではない一般の読者にも関心が高かったからでしょう。『資本主義・社会主義・民主主義』には、高等数学は出てこない代わりに、「経済的要因」と「非経済的要因」の長期的な相互交渉を研究するという意味での一つの

「経済社会学」を提示しています。この構想が、塩野谷祐一（1932-2015）に高く評価されました（『シュンペーター的思考』、前掲、参照）。

シュンペーターは、経済理論家としてはケインズ経済学の壁を破ることはできませんでしたが、経済社会学者としてはケインズを凌駕していたといってもよいのではないでしょうか。

［コラム⑥］ミンスキー・モーメント

アメリカの異端派経済学者ミンスキーは、ポスト・ケインズ派経済学の研究をしたことのある人には以前から知られていましたが、「ミンスキー・モーメント」という言葉が一流の経済紙をはじめ各種メディアに登場するような時代が到来するとは彼らも思っていなかったでしょう。彼は、あえて分類すれば、「左派ケインジアン」になるでしょうが、ただ、わが国のポスト・ケインジアン研究は、本家イギリス・ケンブリッジ大学のポスト・ケインジアン、とくにジョーン・ロビンソンやニコラス・カルドアなどに偏る傾向があり、アメリカのポスト・ケインジアンは、数名の例外を除いて、一般にはあまりよく知られていませんでした。ところが、一〇年前の「リーマン・ショック」の発生が、ミンスキーの名前を人々に思い出させたのです。

ミンスキーは、本文でも触れたように、「金融不安定性仮説」で有名でした。彼は一九九六年にはすでに亡くなっていましたが、生前から株式市場が異常に活況を呈し過ぎていると思われるたびに警告を与えてきたので、リーマン・ショック時に生きていれば、「それみたことか！」ということになったかもしれません。

ミンスキーは、新古典派総合的なケインズ理解に反対するという意味で紛れもなくポスト・ケインジアンですが、彼のケインズ理解は、他のポスト・ケインジアンよりも「企業金融の債務構造」にメスを入れている点に特徴があります。ミンスキーのケインズ論は、本文で述べたように、まだ新古典派総合が学界の正統派だった頃にアメリカで出版されましたが（Hyman Minsky, *John Maynard Keynes*, 1975）、とくに大きな反響は呼びませんでした。一九八八年初版の日本語訳もあまり芳しい反応はなかったと思います。当時、日本はまさにバブルの饗宴の真っ最中だったので、人々の耳には届かなかったのでしょう。

ポスト・ケインジアンが株式市場や金融市場などを取り上げるとき、よく引き合いに出すのは、ケインズやフランク・ナイトの意味での「不確実性」でしたが、ただ不確実性を強調するだけでは下手をすると「ニヒリズム」に傾いて「経済分析」にならない危険性があります。ミンスキーが独自の金融不安定性仮説を構築していったのは、ケインズだけではなく、一九三〇年代の大恐慌について「債務デフレ論」（一九三三年）を提示したアーヴィング・フィッシャーに学んだからでしょう。フィッシャーは、アメリカの大恐慌の引き金になったニューヨーク株式市場の大暴落（一九二九年一〇月二九日）を予見できなかった「廉《かど》」で、よくガルブレイスによって揶揄されてきましたが、彼が優れた経済学者であったという評価は揺るがないと思います。経済学者は株価アナリストとは違うのですから。

ミンスキーの金融不安定性仮説は、それほど難解な内容ではありません。基本的なアイデアは、資金の借り手である企業の債務構造に注目し、資金を銀行から借りる（債務を負う）ことによって生じる元本の返済プラス利子の支払いと、企業の生産活動などから生じると期待されるキャッシュ・フローを比較するということです。前者と比較して後者が小さくなるにつれて、その債務構造は危険なものに転じます。ミンスキーは、健全性の順に、「ヘッジ金融」「投機的金融」「ポンツィ金融」の三つの段階を区別しましたが、ポンツィ金融の最後の瞬間がいわゆる「ミンスキー・モーメント」であり、この瞬間、金融危機が発生します。

いまでは、ミンスキー・モーメントのような瞬間があり得ることを否定する人は少なくなったと思いますが、ミンスキーが提案する「民間企業の債務構造の規制」を支持する人は、自由放任主義のイデオロギーがいまだに強いアメリカでは少数派ではないでしょうか。その意味では、ミンスキー・モーメントのみが独り歩きし、彼の真の狙いが曖昧になっていると言えるかもしれません。

第四章

経済学者の思考法を比較する

経済学を学んでいると、経済学のものの見方が決して一通りではないことに気づきます。もちろん、現在学界の大多数に受け容れられている思考法（そのほとんどは教科書のなかに入っているが）はあります。しかし、「異端派」とはいわないまでも、同じ言葉が、経済学史に残るような人たちによって微妙に違う意味で使われているのも事実です。ふつうは、入門書の類でそんなことを紹介することはありませんが、初学者でも、多様な思考法、アプローチの違い、言葉遣いの違いなどを知っておけば、のちに頭が混乱することは少ないでしょう。以下、有名な経済学者たちを例にとって、具体的にみていきましょう。

一　マーシャルとワルラス

マーシャルとワルラスの経済理論は、ともに「需要と供給の均衡」という枠組みに立脚していますが、詳しくみると、いろいろな違いがあります。経済学の入門書でよくみかける需給均衡の図（縦軸に価格、横軸に数量をとり、右下がりの需要曲線と右上がりの供給曲線の交点において均衡価格と均衡数量が決定されるというもの）は、マーシャルが普及させたので、よく「マーシャリアン・クロス」と呼ばれたものでした。このような図は、特定の財を取り上げて、その需要と供給によって均衡（価格と数量）を考察する「部分均衡分析」を解説するときにしばしば使われます。この部分均衡分析は、マーシャルが経済学に残してくれた重要な分析ツールの一つです。

部分均衡分析も基本は自由競争（マーシャルは「完全競争」という言葉は使っていない）を仮定したときの価格決定論なのですが、マーシャルは、それを現実にもっと適用しやすくするために、とくに「時間の要素」に留意しました。

いま、ごく短い時間を想定しましょう。このとき、資本設備も供給量も一定となります。例えば、ある日の魚市場に供給された魚の量のように。この場合、供給量が一定なので、供給曲線は垂直になります。それゆえ、魚の価格は、おもに需要側の要因によって決定されます。これがマーシャルの「一時的均衡」に当たります。

しかし、資本設備は一定だけれども、その操業度を変化させることによって供給量を調整できるような時間（これを「短期」と呼ぶ）ではどうでしょうか。短期において、供給曲線はふつう右上がりですが（価格が上がれば供給量が増えるケース）、これと右下がりの需要曲線（価格が下がれば需要量が増えるケース）との交点で均衡が成立します。マーシャルは、これを「短期正常均衡」と呼びました。

では、資本設備までも変化させることによって生産量を調整できるような時間（これを「長期」と呼ぶ）を想定したらどうなるのでしょうか。長期では、供給余力がさらに増えて、ついに供給曲線は水平となります。これは、商品が一定の単位当たり生産費で、いくらでも生産できるケースですが、この水平の供給曲線と右下がりの需要曲線の交点で均衡が成立します。マーシャルは、これを「長期正常均衡」と呼びました。ただし、価格は一定の単位当たり生産費ですでに決まっているので、交点で決まるのは均衡数量のみです。

それゆえ、マーシャルは、次のように結論づけています。

「価値は生産費によって支配されるか効用によって支配されるかを問うことは、紙を切るのが鋏の上刃であるか下刃であるかを問うのと、同じ程度の合理性しか持たないといってよいかも知れない。一方の刃を固定しておいて、他方の刃だけを動かして紙を切った時には、紙を切ったのは動かした方の刃であると、不注意な簡略法としては言ってよいかもしれない。しかしそのような言い方は厳密には正しくない。起ったことの単に通俗的で、厳密に科学的ではない説明として主張されるかぎり、許されるに過ぎない。……

それゆえわれわれは次のように結論してよいであろう。一般原則としては、われわれの考察している期間が短いほど、価値に対する需要の影響に対して注意が払われる部分は大でなければならない。また期間が長くなるにつれて、価値に対する生産費の影響がより重要となるであろう。なぜなら生産費の変化の影響は、原則として、需要の変化の影響よりもその実現に長い時間がかかるからである。任意の時期における現実の価格は、あるいはそれがしばしばそのように呼ばれている慣行に従うならば、市場価格は、持続的に作用する出来事よりも、一時的な出来事や気紛れで短命な作用しか持たない出来事によって、しばしばより多く影響される。しかし長期においては、これらの気まぐれで不規則な原因は、相互の作用を大幅に打ち消し合う。それゆえに結局においては持続的な原因が価値を完全に支配する。しかし、もっとも持続的な原因でさえ変化に曝されている。生産構造全体が世代から世代にかけて変化し、さまざまな財の相対的な生産費は永久に変化する。」(『経済学原理』第三分冊、永澤越郎訳、岩波ブックセンター、一九八五年、37～39ページ)

マーシャルの部分均衡分析は、たしかに、自由競争を仮定したときの価格決定論でした。しかし、留意しなければならないのは、この段階でよく例に出されているのが小麦や魚の市場（農業と漁業）だということです（この点は、はるか以前、後藤晃「マーシャルの競争過程と産業組織」『一橋論叢』第66巻第1号、一九七一年において指摘された）。第一次産業は、ふつう、自由競争に近い市場が支配しているので、自由競争を想定した価格決定論は十分に妥当性をもっています。

しかし、第二次産業ではどうでしょうか。例えば、製造業では、製品が同質的でなく（「製品差別化」と呼んでいる）、程度の差はあれ、不完全競争や寡占などの市場が成立している場合が少なくない現実があります。マーシャルは、経済の現実を実態調査することを重視していたので、製造業において何らかの不完全競争の要素が遍在していることをよく知っていたに違いないのです。その証拠に、『経済学原理』のなかで製造業（例えば、機械工業会社の機関車の製造）を例にとってその供給行動を説明するところから、微妙に自由競争の仮定から離れています。

もう少し補足しましょう（cf., Ragner Frisch, "Alfred Marshall's Theory of Value"〔1950〕, in Harry Townsend, ed., *Price Theory: Selected Readings*, 1971）。マーシャルの『経済学原理』で

は、総費用＝主要費用＋補足的費用となっていますが、主要費用とは原材料費＋賃金費用＋可変的減価償却費のことであり、補足的費用とは地代＋利子＋給料＋不変的減価償却費のことでした。一般に、主要費用は原則として短期に回収される費用であり、補足的費用は長期に回収されればよい費用と考えられています。では、もしいまの市場価格が主要費用しか回収できなくとも、将来、補足的費用をすべて回収できる見込みがあれば、企業は生産を続行するのでしょうか。ところが、マーシャルは、企業はふつうそのような行動はとらないと否定的に答えています。

「しかし実際には企業家はより高い価格で一般に供給を停止する。自らの顧客からよりよい価格を獲得できる機会をスポイルすることを恐れるからである。あるいは大規模な自由市場に向けて生産しているとすれば、すべての生産者のための共通の市場をスポイルする価格で不必要に販売する場合、他の生産者たちから非難を浴びることを、程度の差はあれ恐れるからである。この場合の限界生産は、価格のわずかな下落があれば、自らの利益のためにか、あるいは他の生産者との間の公式非公式の協定によって市場をそれ以上にスポイルする恐れから、生産を制止するような人々の生産である。

生産者がこれらの理由から拒絶寸前にある価格が、短期の真の供給価格である。そのような価格は、完全雇用の状態にはない生産の諸手段を、さらに幾分か操業を増加させる場合に即時的直接的に含まれる、原料、労働および設備の減耗の特別費用ないしは主要費用をほとんどつねに上廻っており、また一般に大きく上廻っている。」(『経済学原理』、前掲、73ページ)

もし自由競争が市場全体を支配しているならば、低価格での供給が市場を「スポイルする」(台なしにする)のを恐れるとか、生産者のあいだに「公式非公式の協定」が結ばれるとか、そのような可能性はないはずです。後者は下手をすれば反トラスト法(独占禁止法)違反とみなされかねない行動です。マーシャルは、ここで市場が「完全独占」には至っていないものの、程度の差はあれ不完全競争的な状況が生まれている(あるいは、売り手が「固有の市場」をもっているような)現象を指摘しています。

マーシャルは、経済の現実に通じていたので、製造業で「収穫逓増」(生産量の拡大とともに生産費用が減少していき、収穫が逓増すること)が広範囲にみられるようになったことを熟知していました。しかし、ある産業において収穫逓増の作用が強く働くならば、最初にマーシャルの用語で「内部経済」（企業内部の資源・組織・経営の効率性の向上に基づく経済）を実現した企業がその産業で独占的地位をいち早く確立してしまうので、競争的価値論の枠組みが崩壊するでしょう。それゆえ、マーシャルは、「外部経済」という概念を導入し、それは「産業の一般的拡大」のように個別企業の観点からは外部の事情の改善に基づく経済が内部経済の一方的な浸透を抑制し、バランスをとっているのだというアイデアを提示しました。マーシャルは、これによって、競争的枠組みを壊すことなく、しかも製造業における収穫逓増の傾向をうまく捉えることができると考えたのでした。現実重視のマーシャルらしい方法論ですが、「競争」と「独占」の要素が混在した価値論がそれだけ曖昧なものになった感は否めません。

マーシャルとは違って、ワルラスは主著『純粋経済学要論』（初版は、上巻一八七四年、下巻一八七七年、一九〇〇年の第四版が決定版）全体を通じて完全競争を仮定しています。すなわち、「純粋経済学は本質的には絶対的な自由競争という仮説的な制度の下における価格決定の理論である」と。「絶対的な自由競争」とは、「完全競争」に他なりません。

マーシャルは、部分均衡分析と呼ばれたように、特定の財の市場を取り上げて、その市場における需要と供給によって価格が決定される理論を提示しました。しかし、一つの財の価格の決定は、厳密には、その財に対する需給だけでは決まりません。というのは、財同士の「代替」や「補完」の関係も考慮しなければならないからです。例えば、お米とパンは、もしお米の価格がある程度上昇したら、お米を避けてパン食を選ぶ人が増えるかもしれません。お米とパンは、「代替関係」にあるわけです。あるいは、コーヒーの価格が下落すると、ふつうコーヒーと一緒に消費される砂糖の需要も増えるかもしれません。この場合、コーヒーと砂糖は「補完関係」にあると表現します。このようにもろもろの財の市場は「相互依存」の関係があるので、需要と供給の一般理論はすべての市場における需給を考察しなければなりません。これが「一般均衡分析」の考え方です。

ワルラスの一般均衡分析を現代風に表現すると次のようになるでしょうか。いま、財の種類が n 個ある経済体系を考えてみましょう。各財の需給（D_i と S_i, $i = 1, 2, 3, \cdots, n$）は、すべての財の価格 p_i（$i = 1, 2, 3 \cdots, n$）に依存するので、次のように表わされます。

$$D_i(p_1, p_2, p_3, \cdots, p_n) = S_i(p_1, p_2, p_3, \cdots, p_n) \qquad i = 1, 2, 3, \cdots, n$$

ここにはn個の需給均等式がありますが、いまn番目の財を「ニュメレール」（価値尺度財）にとると（つまり、$p_n=1$とおく。これによって各財の価格は「相対価格」で表現されることになる）、未知数である価格の数はp-1個となります。このままでは、方程式の数のほうが1個多いことになりますが、経済体系のなかで交換がおこなわれる以上、総供給と総需要の総額は等しくなるので、n-1個の財について需給均等が成り立てば、n番目の財についても必ず需給は均等するはずです。それゆえ、独立の方程式はn個ではなくn-1個となり、未知数である価格の数と一致します。

このように考えるのが、ワルラスの一般均衡分析の特徴です。もちろん、ワルラス自身は、もっと複雑で込み入った（もっといえば、「洗練されていない」）数式の使い方をしていますが、本質は同じです。ワルラスは、『純粋経済学要論』を、二商品の間の交換→多数の商品の間の交換→生産の理論→資本形成および信用の理論→流通および貨幣の理論、というように一歩一歩対象範囲を拡大していくのですが、つねに方程式と未知数の数が一致するのを確認して数学的解法とみなしています。もっとも、現在では、方程式と未知数の数が一致しただけでは経済的に意味のある均衡解が得られるとは限らないことがわかっていますが、一九世紀末、少なくともワルラスはそれで満足していました。彼は次のように言っています。

「……数学を知らず、数学とは何であるかということさえ正確に知らないで、数学は経済学の原理の解明に役立たないと決め込んでいる経済学者についていえば、「人間の自由は方程式で表わすことはできない」とか、「数学は精神科学においてはすべてである摩擦を捨象する」とか、その他同様の力しかない他愛もないことを繰り返していっているだけである。彼らは自由競争における価格の決定の理論が数学的理論ではないと主張することはできない。だから彼らは、数学を避けて純粋経済学の基礎なくして応用経済を構成するか、または必要な武器をもたないで純粋経済学を構成しその結果はなはだ悪い純粋経済学とはなはだ悪い数学とを同時に作り上げるか、のいずれか一つを選ばなければならない。私は本書の第四〇章に私の理論と同様に数学的でありながら、私の理論とただ一つの点で相違している理論の見本を掲げた。その相違点とは、私が私の問題において未知数と同数の方程式を得ることを常に厳守したのに対し、これらの学者は一つの未知数を二つの方程式によって決定しようとしたり、あるいは一つの方程式を用いて二個、三個または四個の未知数を決定しようとしたことである。このような方法は純粋経済学を精密科学として構成する方法に全く相反するものと考えられるであろうことを私は希望する。」（久武雅夫訳『純粋経済学要論』、前掲、xix ページ）

ワルラスの純粋経済学にとって、完全競争は一つの仮説として採用されたものでした。しかし、ワルラスは、完全競争を仮定して消費者の効用最大化と企業の利潤最大化（この二つを「主体的均衡」と呼ぶ）をもたらしながら、「市場均衡」が同時に達成されることを論証しました。そうなると、ワルラスは、このような純粋経済学の結論が次に「応用経済学」を導くのであり、農業・工業・商業などに完全競争を「原理」や「準則」として実際に適用することができるのかどうかを考察する出番となると考えました。「純粋経済学の結論はわれわれを応用経済学の入り口に立たせる」とは、このような意味でしょう。ワルラスにとって、応用経済学は、具体的な産業において、完全競争の機能が十分に達成される条件とは何か、もしそれが達成されないならば、国家はいかにして干渉すべきかを考察する学問でした。ワルラスは、自分の応用経済学が純粋経済学に基礎づけられていることに自信をもっていました。彼の言葉を聞いてみましょう。

「……経済学者たちがこれまでに自由放任（laisser faire, laisser passer）を鼓吹しながら述べて来たことは、要するにこのことであった。不幸にして次のことを述べなければならない。今日までの経済学者は彼らの自由放任を証明することをしないで、ただ国家の干渉をこれまた証明することなく主張した新旧の社会主義者に対抗して、これを主張するだけであった。このようにいえば、ある気短かな人達に逆らうことになると思われよう。しかし私に問うことを許されたい。経済学者が自由競争の結果がどのようなものであるかということを知らないとしたら、自由競争の結果が有益で有利であることをどうして証明することができようかと。そしてまた、定義も与えず、このことを証明するのに関係のある法則を形成することもしないで、どうして上のことを証明することができようかと。これが私の主張の先験的な理由である。その外に次のような経験的理由がある。一つの原理が科学的に確立せられたとき、その結果としてなし得る最初のことは、この原理が適用される場合と適用されない場合とを見分けることである。そして逆にいえば、経済学者がしばしば自由競争をその正しい領域を超えて拡張しているのは、この自由競争の原理が証明せられていないことのよい証明で

あることは疑いを容れない。」（久武雅夫訳『純粋経済学要論』、前掲、252ページ）

ワルラスは、さらに進んで、「所有権」の問題を取り扱う「社会経済学」も構想しました。実は、ワルラスが初めて経済学の方向に向かったのは、所有権や正義の問題に関心があったからでした（一作目は、『経済学と正義』と題して一八六〇年に公刊されている）。すぐあとで解説するように、社会経済学では、ワルラスは、土地の国有化を主張する「社会主義者」の顔をみせます。一般均衡分析は、現在では、資本主義経済の基礎理論だと理解している人が多いだけに、この点は注意が必要です。しかも、ワルラスによれば、「社会主義者」であることと、「純粋経済学者」であることは、少しも矛盾しないどころか、純粋経済学・応用経済学・社会経済学の三部門が揃って初めて「科学的社会主義」の体系が出来上がるというのです。

ワルラスは、分配されるべき社会的富を、「土地」と「人格的能力」に二分しましたが、人格的能力が個人に属するのに対して、土地は自然の賜物だから国家に帰属すると考えました。そして、個人は自分の才能や努力などに応じて「地位の不平等」を獲得することが許されるけれども、土地は国家のものとして国有化し、「条件の平等」を実現しなければならないと主張しました。つまり、「条件の平等と地位の不平等」が「正義」の原理になるというのです。

ワルラスは、若い頃から、賃金免税論と土地の国有化を主張していたのですが、賃金を免税にするには、土地の国有化によって土地から得られる収入をすべて国家に納めなければなりません。個人がその人格的能力の成果をすべて自分自身に帰属させるためにも、土地の国有化はぜひとも必要でした。

ワルラスは、このような特殊な意味での社会主義者だったのですが、完全競争を仮定した純粋経済学と、完全競争の諸産業への応用の可能性を吟味する応用経済学は、社会経済学の「正義の原理」に支えられなければうまく機能しないと信じていました。彼がみずからの体系を「科学的社会主義」と呼んだのも、正義論だけしかない「経験的社会主義者」(ユートピア社会主義者のこと)との差異を強調する狙いがあったと思います。

ワルラスの社会主義に対する見方は明白でしたが、マーシャルの立場は「中庸」という形容が似合っているかもしれません。彼は、経済学研究の初期にマルクス主義者や社会主義者の文献を渉猟し、彼らのなかに社会福祉に対する献身的な奉仕の精神をもっている人たちが少なくないことを高く評価していました。マーシャル自身も、最大満足説への留保にみられるように、自由放任主義には限界があり、政府干渉の余地があり得ることを十分に認識していました。しかし、マーシャルは、政府干渉を必要以上に進めることに対しては警戒的でした。

マーシャルは、社会主義に対しても、そのプログラムが成功するには、人間性が十分に向上し、「経済騎士道」が浸透していることが必要条件だと考えていました。経済騎士道とは、企業家についていえば、蓄積した富をすすんで公益のために提供するような生活態度のことですが、彼は、この精神が社会に十分に浸透しているとは決して楽観してはいませんでした（cf., Alfred Marshall, "Social Possibilities of Economic Chivalry"〔1907〕, in *Memorials of Alfred Marshall*, edited by A. C. Pigou, 1925）。創造性や芸術性は、「自由」の空気が存分に吸える社会のなかでこそ生まれるもので、政府部門の不釣り合いな拡張はそれらの成長を遅らせたり阻んだりするに違いないというのです。結論的に、マーシャルは、「自由企業の下にある世界は、経済騎士道が発展するまでは、完全な理想からほど遠いだろう。しかし、それが発展するまでは、集産主義の方向へのどんな大きなステップも、現代の程よい進歩率の維持にとってさえ由々しい脅威である」と述べています（「集産主義」

とはほとんど「社会主義」と同じ意味にとってよい）。

ワルラスとマーシャルは、ともに「需要と供給の均衡」という枠組みに依拠していた経済学者でしたが、その思想はきわめて対照的だったことがわかるでしょう。

二　ケインズとカレツキ

ケインズは、経済学を学んだことがなくとも名前くらいは知っている超有名人ですが、ポーランド出身の経済学者ミハウ・カレツキ（1899-1970）となると、専門家以外に知っている割合は少なくなるでしょう。しかし、カレツキの名前は、経済学の歴史では、ケインズの有効需要の原理をケインズとは独立に（しかもケインズよりも前に）発見した業績で知られています。

ケインズはマーシャルが創設したケンブリッジ学派というイギリス経済学の正統派の要塞のなかで育ちましたが、このことはプラスとマイナスの両面を含意していました。プラス面は、経済学の先頭を走るイギリスでもっとも権威ある経済学者に学んだことによって、ケインズ自身もきわめて若い頃から世に出るチャンスをつかんだことです。しかし、それは同時に、マーシャル経済学の思考法から離脱し、「革命」の方向に歩み出すには多くの困難を伴うというマイナス面をもっていました。

ところが、カレツキは、経済学の主流とは外れたポーランドに生まれたので、正統派の「呪縛」から解き放たれるのに難儀するというケインズが実際に経験した苦悩とは無縁でした。彼は大学で土木工学を学んでいたので（学費が続かず中退）、専門的に経済学を学んだことはなく、知っていたといえば、マルクスとローザ・ルクセンブルクくらいのものでした。このようなマイナス面はありましたが、正統派を知らなかった分、比較的すんなりと有効需要の原理の本質に到達するというプラス面をもたらしました。

いま、政府の経済活動と外国貿易が存在しない封鎖経済を想定しましょう。カレツキは、上の表のように国民所得と国民生産物（支

所得	支出
利潤（資本家の所得）	投資
	＋資本家の消費
賃金（労働者の所得）	＋労働者の消費
＝国民所得	＝国民生産物

出）の両勘定を対照させます。

ここで、カレツキは、労働者はその所得をすべて消費する（賃金＝労働者の消費）という単純化の仮定をおきます。左右を対照するとすぐに、

利潤（P）＝投資（I）＋資本家の消費（C）

という関係が導かれます。これを「利潤決定の命題」と呼びます。すなわち、資本家の投資と消費に関する決意（右辺）が利潤（左辺）を決定するというのです。さらに、資本家の消費Cについて、利潤Pに依存する部分λP（$0<\lambda<1$、λは利潤からの消費性向）と、独立の消費部分B_0の和に等しいとおくと（すなわち、$C=\lambda P+B_0$）、次の式が得られます。

$$P=\frac{B_0+I}{1-\lambda}$$

ここで、賃金分配率W/Yをαとおきましょう（Wは賃金所得、Yは国民所得。所得は賃金

と利潤に分配されるので、当然、利潤分配率は$1-\alpha$となる)。とすると、

$$Y=\frac{B_0+I}{(1-\lambda)(1-\alpha)}$$

という式が導かれます。ケインズの所得決定理論（$Y=\frac{I}{1-c}$、cは消費性向、Iは投資）と類似の式が出てきました。ただし、ケインズの乗数は$\frac{1}{1-c}$ですが、カレツキの乗数は、$\frac{1}{(1-\lambda)(1-\alpha)}$というように、資本家の消費性向λだけでなく、賃金分配率αにも依存しています。しかし、この点を除けば、投資Iの大きさが国民所得Yを決定するという論理は同じです。これが、『一般理論』の同時発見と呼ばれるカレツキの業績です（以上は、カレツキの一九三三年の論文「景気循環理論概説」に若干のアレンジを加えています。『資本主義経済の動態理論』浅田統一郎・間宮陽介訳、日本経済評論社、一九八四年所収）。

しかし、カレツキ理論も、無から有が生じたものではありません。カレツキはマルクスの経済学は知っていたのですが、それなら、彼の利潤決定の命題も、マルクスの再生産表式の応用から着想したと考えるのが自然でしょう。カレツキは、経済体系を三つの部門

（投資財を生産する第Ⅰ部門、資本家の消費財を生産する第Ⅱ部門、労働者の消費財を生産する第Ⅲ部門）に分けましたが、マルクス経済学の用語法を使えば、各生産部門の価値Wは、不変資本c、可変資本v、剰余価値mの和に等しいと言い換えることができます（下付きの数字は、部門を指しています）。

$$W_i = c_i + v_i + m_i \quad (i = 1, 2, 3)$$

ところが、先にみたように、カレツキは、労働者はその所得をすべて消費すると仮定していましたが、これは、労働者の所得の総計（$v_1 + v_2 + v_3$）が労働者の消費財の価値（$c_3 + v_3 + m_3$）に等しいということです。それゆえ、

$$v_1 + v_2 = c_3 + m_3$$

となります。この関係を考慮すると、粗利潤$c + m$の総計（左辺）は、次のように、第Ⅰ部門と第Ⅱ部門の生産物の価値の合計（右辺）に等しくなります。すなわち、

$$c_1 + m_1 + c_2 + m_2 + c_3 + m_3 = c_1 + v_1 + m_1 + c_2 + v_2 + m_2$$

この式は、カレツキ風にいえば、P＝I＋Cという利潤決定の命題と同じことを言っているのです。

カレツキの乗数に分配関係を示すαが入っていることは先に触れましたが、カレツキは、この分配関係をミクロ理論から導き出そうとしています。これもケインズにはない特徴です。例えば、寡占理論を利用した『経済変動の理論』（一九五四年）を取り上げてみましょう。寡占理論は、一九三〇年代後半のオックスフォード経済調査によって不完全競争論の現実妥当性に疑問符が付いてから出てきた理論ですが、基本的には、「フル・コスト原則」と呼ばれるように、コストに何らかのマークアップをかけて価格を設定するものです。

寡占状態にある企業は、価格pを決定するとき、単位主要費用uに一定の利潤加算率mを乗じ、なおかつ他企業との対抗関係を考慮して、すべての企業の価格の加重平均$\bar{p}$（ウェイトは各企業の産出量）に対するpの比が高くなり過ぎないようにするでしょう。その企業の他企業への対抗係数をnとすれば、価格は次のように設定されるでしょう。

$$p = mu + n\bar{p}$$

ここで、mとnは正の係数、$n<1$と仮定されています。この式に、$p=\bar{p}$の条件を代入し、整理すると、

$$\frac{p}{u} = \frac{m}{1-n}$$

となりますが、これは、独占度$\frac{p}{u}$が$\frac{m}{1-n}$の動きに反映されると読むことができます。

各企業についてのこの式を産出量zで加重・平均すれば、

pz＝総売上高

uz＝総主要費用

なので、独占度指標 $k = \frac{p}{u}$ は、経済全体では、

$$\frac{総売上高}{総主要費用}$$

によって示されます。総主要費用は、賃金費用W＋原材料費用Mなので、

総売上高＝k（W＋M）

となります。粗利潤（総利潤P＋総共通費O）は、総売上高マイナス総主要費用なので、

k（W＋M）－（W＋M）＝（k－1）（W＋M）

によって表わされます。付加価値総額はW＋O＋Pなので、賃金総額の相対的シェア

w は、

$$w = \frac{W}{W + (k-1)(W+M)}$$

によって示されます。ここで、$\frac{M}{W} = j$ とおくと、この式は、

$$w = \frac{1}{1 + (k-1)(j+1)}$$

と書き換えられます。この式は、労働分配率wが、独占度指標kとj（原材料費用／賃金費用）に依存していることを意味しています。とすれば、wがもし安定していれば（カレッキが生きていた頃は実際そうだった）、その説明は、景気循環を通じてkとjが逆方向に動くからだというものになるでしょう。例えば、不況期にはkが上昇する反面、需要の落ち込みが原材料費用を引き下げ、jを低下させるからだと。その他、例えば、昨今のようにwが低下しているとすれば、この理論に従う限り、kの上昇かjの上昇をもたらすような何らかの要因をみつけなければなりません。いずれにせよ、カレッキの特徴は、乗数の値に影響を与える分配関係をミクロ理論から導き出していることです。カレッキがミク

ロ的基礎をどれほど重視していたかがわかると思います。

ところで、カレツキは、そもそも価格決定論を「供給余力」に注目して、おもに「需要で決定される」ものと、おもに「費用で決定される」ものの二つに分類していました。前者は農鉱産物のように供給余力がないので、需要がどれほど強いかで価格が決まります。後者は工業製品が典型的に当てはまりますが、供給余力があり、需要にいくらでも応えられるので、おもにコストによって価格が決まります。このような価格決定二分法は、さまざまな経済学者に影響を与えてきました。

例えば、後期のサー・ジョン・ヒックス（1904-89）がそうです。ジョン・リチャード・ヒックスと名乗っていた頃の前期ヒックスの代表作は『価値と資本』（初版は一九三九年、第二版は一九四六年）ですが、この本は、ワルラス流の一般均衡理論を発展させた名著で、もちろん、完全競争を仮定していました。しかし、後期のヒックスは、完全競争市場が支配的であった時代は、一部を除いて遠い過去の話であり、現代では、生産者がコストに基づいて価格を決定するような市場が優位を占めていると考えるようになりました。つまり、「伸縮的価格市場」（農鉱産物のように価格が需給によって決まる）が例外であり、標準は「固定価格市場」（価格がコストをもとに決まる）だというのです（詳しくは、拙著『現代イギリス経済学の群像――正統から異端へ』岩波書店、一九八九年、第1章を参照）。このような考え方は、カレツキの価格決定二分法に類似しています。

ケインズとの比較に戻ると、ケインズは、『一般理論』のむすびの文章のなかで、「思想」と「既得権益」を天秤にかけ、長い眼でみれば、思想のほうがきわめて大きな影響を及ぼすという考えを述べました。

「……経済学者や政治哲学者の思想は、それらが正しい場合も誤っている場合も、通常考えられている以上に強力である。実際、世界を支配しているのはまずこれ以外のものではない。誰の知的影響も受けていないと信じている実務家でさえ、誰かしら過去の経済学者の奴隷であるのが通例である。虚空の声を聞く権力の座の狂人も、数年前のある学者先生から〔自分に見合った〕狂気を抽き出している。既得権益の力は思想のもつじわじわとした浸透力に比べたらとてつもなく誇張されている、と私は思う。思想というものは、実際には、直ちに人を虜にするのではない、ある期間を経てはじめて人に浸透していくものである。たとえば、経済学と政治哲学の分野に限って言えば、二五ないし三〇歳を超えた人で、新しい理論の影響を受ける人はそれほどいない。だから、役人や政治家、あるいは扇動家でさえも、彼らが眼前の出来事に適用する思想はおそらく最新のものではないだろう。だが〔最新の思想もやがて時を経る〕、早晩、良くも悪くも危険になるのは、既得権益ではなく、思想である。」（間宮陽介訳、『雇用、利子および貨幣の一般理論』前掲、下巻、194ページ）

ケインズは、『一般理論』に結晶したみずからの経済思想が一〇年のうちに世界の人々の経済問題についての考え方を変革するだろうと自信をもっていましたが、アダム・スミスやカール・マルクスの例を引くまでもなく、偉大な経済学者の思想が一〇〇年や二〇〇年後も決して死んでいないことはときにあります。ケインズが言いたかったのは、世界中の政府が有効需要の原理に則って適切に総需要を管理しさえすれば、それ以上の政府干渉は必要ではなく、平和にとってもよいはずだ（人口の圧迫さえなければ、世界の総需要が拡大しつつある限り、市場獲得競争は意味を失うから）ということでした。

「……だがもし国々がみずからの国内政策によって完全雇用を達成するすべを学ぶことができるなら（そしてまた、もしも国々が人口趨勢における均衡を達成することができるとしたら、という仮定を付加しなければならない）、そのときには、一国の利害を近隣諸国の利害と擦り合わせることさらの経済諸力はなんら必要とされない。むろんその場合でも国際分業と妥当な条件での国際金融の余地はなお存在するであろう。だが、一国が自国の商品を他国にごり押しし隣国の商品はこれを突っぱねる強迫的な動機は――そうする必要があるのは、そうしなければ買いたい商品への支払いができないからではなく、自国の貿易収支をひたすら有利にするために収支の均衡を覆すという明白な目的があるためである――もはや存在しなくなるだろう。今日、国際貿易は外国市場で販売を強い購入を制限することによって国内の完全雇用を維持するための捨て鉢の手段となっているが、たとえそれが奏功したとしても、それはただ失業問題を競争に敗れた隣国に転嫁するだけである。だがそれも終わりである。外国貿易は自発的でなんの妨げもない、相互利益を旨とする財・サーヴィスの交換となるであろう。」（『雇用、利子および貨幣の一般理論』、前掲、下巻、192～193ページ）

これに対して、カレツキの見方は冷めていて、「資本主義経済ではもし政府がそのやり方さえ知っていれば完全雇用を維持しようとするはずだ、という仮定は誤っている」と言っています。マルクスを学んだカレツキは、「資本主義」という経済体制が資本家（企業家を兼ねる場合も含む）の利害を中心に回っていることを誰よりも知っていました。もし完全雇用が永続するようになれば、資本家と労働者の力関係が後者に有利に変わってしまうでしょう。それは資本家の望むところではありません。「実業の主導者がいっそう重くみるのは利潤よりはむしろ「工場内の規律」であり、「政治的安定性」である。永続する完全雇用というものは彼らからみると不健全であり、失業こそ正常な資本主義システムのかなめである、とこのように彼らの利害本能は語るのである」と。

もちろん、深刻な不況が訪れたら、労働者が失業するばかりでなく企業も倒産の憂き目にあうかもしれないので、その場合は、赤字財政を伴っても公共投資が企てられるでしょう。しかし、景気が回復して完全雇用に近づくにつれて、物価が次第に上昇するので、お金の価値が目減りするのを懸念する金利生活者もそのような状態が続くのを望まないでしょう。

カレツキは言います。「このような状態においては大企業と金利生活者の利害との間に強力な同盟が形成されそうであり、またそのような状態は明らかに不健全だと言明する経済学者をおそらく一人ならず彼らは見出すことであろう。これらすべての勢力の圧力、とりわけ大企業の圧力によって、政府は、十中八九、財政赤字の削減という伝統的な政策に後戻りしようとするだろう」と。

この論文は、「政治的景気循環」のアイデアを導入した初期の仕事として知られているものですが、私たちに関心があるのは、カレツキが「思想」よりも「既得権益」の力をみくびらなかったことです。資本主義体制である以上、完全雇用政策は政治的に必ず挫折すると。実際、第二次世界大戦後、ケインズ主義を実践していく過程で総需要の増大や労働組合の力の増大などいろいろな要因が重なってインフレが昂進していった時期があったのですが、カレツキが第二次世界大戦中の一九四三年に「予言」したように、そのような状態の「不健全性」を批判するミルトン・フリードマンやF・A・ハイエクなど保守派の経済学者たちが台頭してきました。カレツキは誠に先見の明のある経済学者でした。

三　シュンペーターとケインズ

ケインズとシュンペーターは、ともに二〇世紀経済学の天才として知られていますが、両者の思想もきわめて対照的です。一九三〇年代の世界的な大不況を背景に書かれたケインズの『一般理論』は、学界で「ケインズ革命」と呼ばれるほどの衝撃を与えましたが、経済学の歴史に隅々まで精通したシュンペーターは、ケインズの仕事をそれほど「革命的」とはみなしておらず、ケインズの政策にたいしても冷めた眼でみていました。どうしてこのような違いが生まれたのでしょうか。

ケインズは、『一般理論』のなかで「有効需要の原理」を提示するに当たって、マーシャル流の「短期」を想定しました。ケインズは、「技術、資源、それに雇用一単位あたり要素費用が所与の状態」（間宮陽介訳『一般理論』、前掲、上巻、36ページ）というような表現を至るところで使っています。要するに、短期の想定を置くと、総供給関数が動かないので、総需要関数すなわち「有効需要」さえ決まれば、産出量や雇用量は決定されることになります。

実際、この工夫は、生産設備が遊休し、労働者が大量に失業していた一九三〇年代の大不況期では、需要さえあれば供給はいつでもついてくるような状況にぴったり合っていたのです。もちろん、「長期」になれば、総供給関数も動くので需要だけ考慮するわけにはいかなくなりますが、ケインズは、『一般理論』を書いたとき、少なくとも当面の「資本主義の危機」を回避することを優先したというべきでしょう。短期の想定は、のちに『一般理論』は「時事論説」に過ぎないと批判する保守派の経済学者が決まってやり玉に挙げるものにもなりましたが、ここでは、『一般理論』の「長期化」という仕事がケインズのあとに続く弟子たちや、ケインジアンによってさまざまな方法で試みられた事実のみを指摘しておきます（拙著『現代経済学講義』筑摩書房、一九九四年を参照）。

シュンペーターは、資本主義の本質は企業家のイノベーションの遂行によって経済の供給面が刷新されることにあると信じていたので、『一般理論』を最初に読んだときから、短期の想定に不満を抱いていました。厳しい書評も書いています。もちろん、並の経済学者ではないシュンペーターは、遺作『経済分析の歴史』（一九五四年）のなかでケインズ理論を批判的ながらも公平に評価していますが、ここでもケインズ理論が「短期の想定」を置いているという意味で、「静学的」だという点が俎上に載せられています。

『一般理論』の分析装置は、まず第一に、本質的に静学的である。それにもかかわらず、経済分析の歴史においてこの書の占める地位は、これがマクロ動学に与えた刺激に結びついているという、一見したところパラドックスに見える点を、われわれはやがて説明するであろう。また私はこの書物の大部分――人によっては、そのもっとも価値多い部分とするかもしれない――が、動学的考察に当てられているのを否認しようとする者でもない。しかしこれらの点は、厳格に静学的でありその極まるところ原理的にはあらゆる継起現象と期間とを無視している基本的骨組みに、たんに付加されたものたるにすぎないのである。つぎに第二に、この静学理論は長期正常の静学ではなくて、短期均衡の理論である。第三、この関連においてもっとも重要な点は、投資過程のあらゆる側面のなかで、彼のモデル（彼の書物ではない）に入り込んでいるのが、ただ新投資の支出効果のみだという点である。ケインズ自身が正しくも強調しているように、物的資本（設備）はその種類においても数量においても終始不変にとどまると仮定されているのである。この点は彼の理論を限定して、これを既存の産業設備の利用度の高低を決定すべき要因の分析のみに限らせている。したがって、資本主義の本質を、その内部における産業設備の不断の改造や不断の革新に求めている人は、ケインズの理論が資本主義過程の本質を捨象していると主張するようなことがあっても許されるのでなければならない。」（『経済分析の歴史』下巻、東畑精一・福岡正夫訳、岩波書店、二〇〇六年、783～784ページ、傍点は引用者）

シュンペーターがとくに強調したいのは、私が傍点を付した部分であることは明らかです。もっとも、『一般理論』だけでなく他のケインズの著作にも通じている人ならば、「ケインズ理論＝静学理論」というレッテルが貼られることには異議を唱えるでしょう。いや、『一般理論』でさえ、シュンペーターも気づいているように、動態理論の方向に再解釈できる要素はいくらでもあります（すでに戦時中、東京商科大学教授でケインズ研究家の鬼頭仁三郎が『貨幣の利子と動態』（岩波書店、一九四二年）という名著を書いています）。それにもかかわらず、『一般理論』のケインズが短期を明示的に想定している以上、有効需要の原理を動態理論そのものとみなすには、やはり無理があると思います。シュンペーターはまさにその点を突いているのです。

「およそ資本主義は、本来経済変動の形態ないし方法であって、けっして静態的ではないのみならず、けっして静態的たりえないものである。しかも資本主義過程のこの発展的性格は、ただ単に社会的、自然的環境が変化し、それによってまた経済活動の与件が変化するという状態のなかで経済活動が営まれる、といった事実にもとづくものではない。この事実もなるほど重要であり、これらの変化（戦争、革命、等）はしばしば産業変動を規定するものではあるが、しかもなおその根源的動因たるものではない。さらにまたこの発展的性格は、人口や資本の準自動的増加や貨幣制度の気まぐれな変化にもとづくものでもない。これらについても右とまったく同じことがいえる。資本主義のエンジンを起動せしめ、その運動を継続せしめる基本的衝動は、資本主義的企業の創造にかかる新消費財、新生産方法ないし新輸送方法、新市場、新産業組織形態からもたらされるものである。

……内外の新市場の開拓および手工業の店舗や工場からU・S・スチールのごとき企業にいたる組織上の発展は、不断に古きものを破壊し新しきものを創造して、たえず内部から経済構造を革命化する産業上の突然変異――生物学的用語を用いることが許されるとすれば――の同じ過程を例証する。この「創造的破壊」（Creative Destruction）

の過程こそ資本主義についての本質的事実である。それはまさに資本主義を形づくるものであり、すべての資本主義的企業がこのなかに生きねばならぬものである。」(『資本主義・社会主義・民主主義』上巻、中山伊知郎・東畑精一訳、東洋経済新報社、一九六二年、150〜151ページ)

第三章で述べたように、シュンペーターの経済学全体を「動態」のみで理解するのは誤解を招きやすいのですが(「静態」にはちゃんと相応の役割があった)、しかし、資本主義の「本質」が何かと問われれば、シュンペーターはこのように企業家のイノベーションを挙げました。それゆえ、そのような本質からまったくかけ離れた短期の想定から出発したケインズ経済学を認めようとしなかったのです。

シュンペーターは、なぜ『一般理論』のような思考法が生まれてきたのかを早い時期から考察していました。そして、到達した結論は、『一般理論』の背後にはケインズの初期の著作『平和の経済的帰結』(一九一九年)にまで遡ることのできる「経済停滞」のヴィジョンがあるというものでした。簡単にいえば、ブルジョアの貯蓄習慣は依然として強いのに、資本主義が最盛期を過ぎると投資機会のほうが枯渇していくということです。すでにケインズの有効需要の原理を知っている私たちは、そうなれば、投資と貯蓄の関係から所得も雇用も低い水準に停滞してしまうことがわかりますが、そのような理論の思想的源泉が『平和の経済的帰結』にあるというのでした。

シュンペーターは、一九三〇年代からハーヴァード大学教授をつとめていましたが、『一般理論』が登場すると、シュンペーターの弟子たちまでがケインズ革命に身を投じたので、ハーヴァードでは次第に学問的に孤立していきました（「学問的に」というのは、教師としてのシュンペーターが嫌いな人や彼の学識を疑う人などは誰もいなかったからだ。若き天才サムエルソンも師であったシュンペーターを敬愛していた）。そして、やがてミネソタ大学からハーヴァード大学に移ってきたアルヴィン・H・ハンセン（1887-1975）が、ケインズ経済学の一大拠点をつくるとともに、みずからはケインズの思想をさらに進めて「長期停滞論」を唱えるに至りました（ただし、ハンセンは、第二次世界大戦後の経験に学んで、長期停滞論を撤回した）。シュンペーターは、その頃たまたま同じ大学にいたこともありますが、ケインズのヴィジョンの影響とも呼ぶべきハンセンの長期停滞論には全面的に反対しています。

ハンセンの長期停滞論の骨子は、次のようにまとめられるでしょう（cf., (185) Alvin H. Hansen, "Economic Progress and Declining Population Growth," *American Economic Review*, March 1939）。――すなわち、経済進歩をもたらす要因は、（1）発明、（2）新領地と新資源の発見、（3）人口増加の三つだが、いまや、フロンティアの消滅によって（2）が望み薄で、（3）も人口趨勢をみればそれほど期待できない。唯一の望みは、（1）の産業への応用であるイノベーションだが、これも現状では不確実である。それゆえ、アメリカは長期停滞に陥るに違いない、と。

シュンペーターは、ハンセン説を「投資機会消滅の理論」と呼んで、同じような理解を示しています。すなわち、「私的企業や投資のための機会が消滅しつつあるとなす主要な根拠は、次のごとくである。すなわち、飽和状態、人口、新しい土地技術的可能性、および多くの現存投資機会が私的投資よりはむしろ公共的投資の領域に属するようになったという事情、がそれである」と。

イノベーションの可能性に関していうと、第二次世界大戦後、イノベーションが停滞したわけでも投資機会が枯渇したわけでもなかったので、ハンセンの長期停滞論は長いあいだ忘れられていたのですが、最近、欧米や日本が経済停滞から抜け出すのに難渋しているのを背景に、アメリカの著名な経済学者ローレンス・サマーズ（一九五四年生まれ、彼も奇しくもハーヴァード大学教授）が類似の説を唱え出しました（http://larrysummers.com/wp-content/uploads/2014/06/NABE-speech-Lawrence-H.-Summers1.pdf）。

サマーズの「予言」が正しいかどうかは措くとして、一九三〇年代の長期停滞をめぐるハンセンvs.シュンペーターの論争は、公平にみて、シュンペーターに軍配が上がると言ってよいと思います。現在でも、少子高齢化のような人口問題をかかえている経済の未来をきわめて悲観的に描く意見はたくさんありますが、吉川洋（東京大学名誉教授・立正大学教授）のようなケインズとシュンペーターの経済学双方に通じている学者は、未来におけるイノベーションの可能性をほとんど否定するような論調には否定的です。「人口ペシミズム」は歴史的に正しくないと（吉川洋『人口と日本経済』中公新書、二〇一六年参照）。

産業革命以来の経済史に通じていたシュンペーターも、同じように、一時的な大不況を観察するだけで、将来のイノベーションの停滞や投資機会の消滅などを主張する立場には決して与《くみ》しませんでした。まだハンセンとの論争に決着がついていなかった時期に書かれた『資本主義・社会主義・民主主義』においても、同じ持論を繰り返しています。

「技術的進歩の大いなる歩みはすでになしとげられ、いまでは成功の余地はわずかしか残っていない、という広く受けいれられた見解に対しても、同じような議論があてはまる。この見解が、単に世界恐慌のあいだやその後の事態——かかる場合に第一級の人物が明らかに欠けているということが、少なくともすべての大不況についての周知の類型の一部であった——から受け取った印象を表明するだけならば別であるが、そうでないかぎり、それは、「人類のフロンティヤー終焉説」よりもいっそうあざやかに経済学者の陥りやすい誤解を例示するものといえよう。……

技術的可能性は海図に載っていない海に等しい。人はある地理的領域を調査して、一定の農業生産技術に関連してではあるが、個々の区画の相対的肥沃性を評価することもできよう。技術を一定とし、そのありうべき将来の発展を無視するとすれば、そこでは最初に最上の区間が耕作され、次に二番目によい区間が耕作され、以下同じようにに行なわれると想像する（これは歴史的には誤りであろうが）こともできよう。この過程のなかの一定時点においては、将来の開発のために残されている区間は相対的に劣ったものにすぎない。けれども、技術的進歩の将来の可能性については、かような仕方で推論することはできない。そのあるものが他のものよりまえに利用されたという事実から、ただちに前者が後者よりいっそう生産的であったと結論することはできない。なお神のふところにあるもののほうが、いままでわれわれの視野にはいってきたものより多少とも生産的であるかもしれない。これはふたたび次のごとき消極的結論をもたらすにとどまるのであって、調査研究や管理の体系化や合理化をつうじて技術的「進歩」がいっそう効果的かつ堅実になっていくとの事実でさえも、これを積極的結論に転化せしめえない。しかしわれわれにとっては消極的結論で十分である。すなわち、技術的可能性の吸い尽くしによって生産量増加率がゆるめられると予想すべき根拠はまったくないということ、これである。」（『資本主義・社会主義・民主主義』、上巻、前掲、213〜214ページ）

シュンペーターとケインズは、不況観においても対照的です。ケインズは、本書でも何度か触れたように、社会全体の有効需要の不足によって、労働者が現行の賃金率で働く意欲がありながら非自発的に失業してしまう可能性を論証しました。そして、その究極の原因は、ケインズの意味での「不確実性」（確率計算によって数量化できるものではなく、意思決定の基礎となる知識自体がきわめて脆い基盤の上に立っていること）の支配がありました。

すなわち、国民所得の決定に戦略的にきわめて重要な変数である投資需要は資本の限界効率と利子率の関係で決まるのですが、前者は移ろいやすい大衆心理によって大きく動きやすく（例えば、株式市場における株価の再評価の激変を想起せよ）、後者も将来に対する不確実性が不安を鎮めるための流動性選好を強め、利子率を高止まりにするので、いずれも投資需要を完全雇用を実現するにははるかに足りない水準に決めてしまうのでした。ケインズは、かなり早い時期から、不確実性が経済悪の源泉の一つであることを明確に認識していました。すでに「自由放任の終焉」（一九二六年）には、次のような文章がみられます。

「現代最大の経済悪の多くは、危険と不確実性と無知の所産である。富のはなはだしい不平等が生じるのは、境遇とか能力に恵まれている特定の個人が不確実性や無知につけ込んで利益を手に入れることができるからであり、また同じ理由から、大企業も、しばしば、富くじのようなものだからである。しかも、このような同じ諸要因が、労働者の失業や、あるいは合理的な事業上の期待の破綻、効率性と生産の減退などの原因ともなっている。しかし、その治療法は、個人の手の届かないところにある。その病状を悪化させた方が、かえって個人のためになるかもしれないのである。このような事態にたいする治療法は、一つには、中央機関による通貨および信用の慎重な管理に求められるべきであり、また一つには、知っておけば有益な、企業にかんするあらゆる事実の――必要とあれば法律による――全面的な公開ということを含む、事業状況にかんする膨大な量の情報の収集と普及に求められるべきであると、私は考える。このような対策は、何らかの適切な実行機関をつうじて、私的企業の錯綜した内部の多岐にわたって指導的情報活動が展開されるという動きの中に、社会を巻き込むことになるのだろうが、それでも私的創意と私的企業心がそれによって妨害を受けることはないだろう。それにもかかわらず、たとえこのような対策が不十分だと分かったとしても、われわれが次の一歩を踏み出す上で、現在持ち合わせている知識とくらべれば、ずっと優れた知識がそれらの対策から得られることになるだろう。」（「自由放任の終焉」一九二六年、『ケインズ全集9　説得論集』所収、宮崎義一訳、東洋経済新報社、一九八一年、349ページ）

シュンペーターは、すでに紹介したように、イノベーションが創り出した新事態への経済体系の「適応過程」として不況を捉えていました。すなわち、「不況」だからといって、政府が民間の経済活動に干渉し過ぎることは、そのような適応過程を妨害するがゆえに、政府の「アジェンダ」にしてはならないことでした。シュンペーターは、『経済発展の理論』において提示されたこのような立場を終生堅持し、一九三〇年代の世界的な大不況の現実をみても決してぶれなかったのです。一九四二年に初版の出た『資本主義・社会主義・民主主義』でも、このような持論がよりわかりやすく展開されています。

「資本主義について論ずるさいに、失業をもっとも重要な論点の一つとせねばならぬということにすべての人の意見が一致しているようであるが——若干の批判者たちは、失業があるというだけの理由で資本主義への有罪宣告をなすほどである——、私は、自分の議論ではなぜ失業に比較的小さい役割しか与えないかの理由に読者の注意を喚起したい。私は失業が貧困のごとく資本主義の発展につれて排除されうる悪の一つであるとは考えていないし、およそ失業率が長期において増大する傾向をもっているとも思っていない。相当長い期間をもうらしている——だいたい第一次大戦以前の六〇年間——唯一の時系列は、イギリス労働組合の失業者百分率を示すものであるが、それは典型的に循環的な時系列であって、なんらの趨勢的変化（または水平的推移）をも示していない。失業率増加の長期的傾向というものは、理論的には認めがたいもの——この証拠となるような理論的根拠は少しもない——であるから、以上二つの命題は、一九一三年をも含む戦前の期間については立証されているものと思われる。戦後大部分の国における失業の多くは、一九三〇年以前ですら異常に高水準であった。しかしこの失業やさらにまた三〇年代の失業は、資本主義機構そのものに内在する原因によって、失業率が長期的に増大するという傾向とはなんら関係のない他の理由によって説明される。私はまえにいくつかの産業革命について述べ、それが資本主義過程の顕著な特徴であることを指摘したが、異常に大きな失業は、これらの各産業革命の「繁栄面」に続く適応期間の一特徴にほかならない。それは一八二〇年のものにも、一八七〇年のものにもみられる。そして一九二〇年以後の時期も、この適応期間のいま一つの例にすぎない。そのかぎりにおいては、それは本質的に一時的な現象である。」（『資本主義・社会主義・民主主義』、上巻、前掲、127〜128ページ）

シュンペーターとケインズのあいだにみられる見解の相違は、両者の「対話」を難しくするほど大きいと思われるかもしれませんが、「違い」を正確に押さえることは決して対話の可能性を排除するものではありません。

例えば、定評のある吉川洋氏の好著『いまこそ、ケインズとシュンペーターに学べ――有効需要とイノベーションの経済学』（ダイヤモンド社、二〇〇九年）は、イノベーションを単に供給面での刷新ではなく、新しい財やサービスの出現が需要制約を取り除き、有効需要の増大につながる可能性を探った、興味深い試みでした。このような仕事は、ケインズとシュンペーターの双方の思想に精通し、そのあいだの「違い」を知っていればこそできることではないでしょうか。その意味で、私は、まずは両者のテキストを丹念に読み、両者のあいだの「違い」がどのような文脈で生じているのかを理解することを強調しておきたいと思います。

［コラム⑦］マーシャリアン・クロス

経済学を学んだことのある人なら、需要曲線と供給曲線がクロスする図をみたことがあるに違いありません。縦軸に価格、横軸に数量をとった図において、右下がりの需要曲線と右上がりの供給曲線がクロスするところで、均衡価格と均衡数量が決まると。このような図は、ケインズ革命以前は、「マーシャリアン・クロス」と呼ばれていました。マーシャルは、ケインズの師であったアルフレッド・マーシャルのことですが、彼の『経済学原理』（初版は一八九〇年、一九二〇年の第八版まで版を重ねた）は、このような図を脚注でたくさん使ったので、いつの間にか、マーシャルの名前を指すマーシャリアン・クロスとして定着したのでしょう。もっとも、マーシャルが経済学の歴史のなかで、初めて図を使ったという意味ではありませんが、マーシャルが図をもっとも効果的に、体系的に使った最初の人であるというのは決して言い過ぎではありません。

経済学を学んでいくと、何度もマーシャリアン・クロスと同じ形をした図に出会います。例えば、J・R・ヒックスは、ケインズの『一般理論』の理論構造を、財市場の均衡を表わすIS曲線と、貨幣市場の均衡を表わすLM曲線に二分し、右下がりのIS曲線と右上がりのLM曲線がクロスするところで、国民所得と利子率が同時に決定されるモデルを提示しました（「ケインズ氏と〝古典派〟」一九三七年）。これはいまだにスタンダードなケインズ解釈です。あるいは、縦軸に物価水準、横軸に実質産出量をとった図において、右下がりの総需要曲線と、右上がりの総供給曲線がクロスするところで、物価水準と実質産出量が決定されるという図も、形はマーシャリアン・クロスと同じです。

「需要と供給の均衡」は、現実の価格や賃金の動きをみるにはきわめて重要な枠組みなのですが、知らず知らず、何でもかんでも右下がりの需要曲線と右上がりの供給曲線で思考する習慣がついてしまうと、かえって現実をみる眼が曇ることがあり得ます（実は、マーシャルも、このような単純な思考法には陥っていないのですが、詳しくはマーシャル研究家に委ねます。例えば、伊藤宣広『現代経済学の誕生』中公新書、二〇〇六年参照）。

例えば、労働市場にマーシャリアン・クロスの思考法を適用すると、右下がりの労働需要曲線と右上がりの労働供給曲線のクロスするところで均衡賃金率と雇用量が決まるということになるのですが、この場合、もし労働組合が均衡賃金率よりも高い賃金率に固執すると、労働に対する需要よりも供給のほうが多くなり、その分だけ失業が発生します。しかし、一九三〇年代の大恐慌を目の当たりにしたケインズは、その説明では、現行の賃金率でいくらでも働く意欲がありながら職にありつけない、いわゆる「非自発的失業」の発生を解明できないと考えました。それを図にすると、労働供給曲線は完全雇用に至るまで水平に描かれます。労働需要曲線は相変わらず右下がりですが、ケインズは、何が労働需要曲線に決定的な影響を与えるかといえば、それは「有効需要」の大きさにほかならないと看破したのです。有効需要が増えれば、労働需要曲線は右側にシフトしますが、それと水平の労働供給曲線のクロスするところで決まる雇用量は前よりも増大するわけです。

価格の決定についても、現代では、必ずしもマーシャリアン・クロスが妥当するとは限りません。もちろん、農産物のように、価格が需要曲線と供給曲線のクロスするところで決まると言ってもよいような分野は確かに残っています。ところが、製造工業品の場合、生産余力があると一定の生産費でいくらでも供給することができるので、供給曲線が水平になります。それゆえ、カレツキやカルドアは、現代経済を、財の価格がおもに需要で決まるものと、おもに費用で決まるものとに二分して理解しようとしました。後期のヒックスや晩年の森嶋通夫氏も同様の思考法をとっていました。

マーシャリアン・クロスの思考法は有名なだけに初歩の経済学の教科書では多用されますが、すべての経済現象がそれで理解できるとは思わないほうがよいでしょう。

[コラム⑧]　カレツキ・ルネサンス

「カレツキ・ルネサンス」は、もともと、彼の親友だったジョーン・ロビンソンが、彼の仕事の卓越性が将来無視されるのを恐れて折に触れて強調してきた言葉でしたが、そのおかげで、ケインズの『一般理論』の同時発見者としてのカレツキの仕事は、思想史の専門家のあいだでは比較的知られるようになりました。しかし、教科書でしか経済学を学ばない人たちにどれだけ知られているかは、ちょっと予想がつきません。

カレツキは、当時の正統派であるマーシャル経済学を学んだことがなかったと本文でも触れましたが、実際、エンジニアのための学校で学んでいたのですから、経済的理由で学業を続けられなくなるまで、将来、経済学の世界に入るとは思ってもみなかったでしょう。ただ、マルクス関係の文献を読んでいたことだけは確かで、マルクスの再生産表式を応用して「有効需要の原理」に到達したわけでした。

彼が最初に職を得たのは、ワルシャワの「景気循環・物価研究所」というところですが、採用されたのは、おそらく、面談した所長のE・リピンスキに好感をもたれたから以外に考えられません（彼の生涯については、拙著『現代イギリス経済学の群像』、前掲、第5章を参照）。この研究所は、所長の指導のもと、統計学者と協力しながら国民所得の推計の仕事を進めていましたが、カレツキは、そこでポーランド社会の階級構造を明らかにするような統計的手法を学んだと言われています。マルキスト的視点といってもよいかもしれませんが、国民所得の推計という仕事が、のちに「有効需要の同時発見」につながった可能性は大いにあります。

カレツキがケインズより数年早く『一般理論』を同時発見していたという偉業は、彼が初期の論文をポーランド語で発表していたので、人々に気づかれるのに時間がかかりました。しかし、カレツキの仕事とケインズ経済学を同一視するのは控えるべきでしょう。

第一に、カレツキの著作は、例えば『経済変動理論集』(一九三九年)をみればわかるように、前半に有効需要の原理と類似のアイデアが提示されていますが、それはあくまで序論で後半の経済変動論の基礎として位置づけられます。ケインズが経済変動に関心がなかったというのは明らかに誤りですが、『一般理論』のメインテーマは、経済体系が完全雇用に至らずに均衡してしまうのはなぜかということを解明することにありました。両者の関心の違いを押さえておくべきでしょう。

第二に、ケインズはマルクス主義や社会主義に魅了されたことはほとんどないのですが、それに対して、カレツキは、自分が社会主義者であることを隠そうとしませんでした。欧米でのいくつかのポストを経験したあと、彼はポーランドに帰国しましたが、そこでオスカー・ランゲ流の「競争的社会主義」の影響が浸透していることに驚きを隠せませんでした。というのは、競争的社会主義の思想は、一般均衡理論を説いたワルラスやパローネなど以前からあったものの、カレツキには、社会主義の計画経済をおもに市場メカニズムを活用することによって運営するという発想がなかったからです。彼はあくまで中央による経済計画の意義は、非市場的・長期的マクロ基準に従うような資源配分を実現することにあると信じていたのです。

カレツキにはケインズほどの政治力がなかったので、政府の役職についてもほとんど影響を与えることができず、失意のうちに辞任しています。政治よりは己の信念に忠実に生きた人でした。私は彼のことを「孤高の探究者」と呼んだことがありますが、皮肉なことに、ケインズ以後左傾化したケインジアンたち（ジョーン・ロビンソンがその代表だが）にもっとも大きな影響を与えたのはカレツキだったのです。

第五章
自伝を読む

以前、京都大学名誉教授で、フランス文学・思想の権威者であった中川久定（1931-2017）の名著『自伝の文学――ルソーとスタンダール』（岩波新書、一九七九年）がありました。大学院生の頃、ある編集者の紹介でお会いしてから付き合いがありましたが、「自伝」に関心があるだけに、私が書いた「評伝」の類には関心をもってくれました。思想家の書いた自伝は、人生と思想形成の関係、時代背景、思想の変遷過程についてのみずからの説明など、私たちの学問でいえば、「モデル」には盛り込めない多くの情報を私たちに与えてくれます。そのような情報は、思想家の全体像を知るには不可欠なものだからです。

しかし、経済学教育は、本書で何度も触れたように、「ミクロ経済学」「マクロ経済学」「計量経済学」を中心に制度化されているので、経済学の学習に「評伝」や「自伝」などは不要だと思っている人が多いと思います。私も経済学部の教育が「ミクロ」「マクロ」「計量」を核に編成されることに反対ではありません。現在のスタンダード・エコノミックスをしっかり学ぶことは、将来どのような方向に進もうとも、必須だからです（詳しくは、橘木俊詔氏と私との対談『来るべき経済学のために』人文書院、二〇一四年を参照のこと）。

しかし、経済学の思考法がスタンダード一つと思い込むのも危険であり、経済思想史家としては多様な経済学の思考法を教えるのも重要なつとめだと思っています。以下には、長短の違いはあれ、自伝的覚書や自伝を書いた三名（レオン・ワルラス、J・S・ミル、ライオネル・ロビンズ）を取り上げ、教科書を学ぶだけではわからない経済学者の心の内の葛藤や自尊心（その反面としての劣等感）などを浮き彫りにしたいと思います。

一　ワルラスの自伝

レオン・ワルラスの経済学体系（「純粋経済学」「応用経済学」「社会経済学」の三部門から構成）については、前章にもあらましを説明しました。彼はなぜ、このような体系を構想するようになったのでしょうか。そのヒントは、短いながらも含蓄に富む彼の自伝的文章のなかにあると思います（幸い、御崎加代子『ワルラスの経済思想』名古屋大学出版会、一九九八年に訳出されている）。

今日、ワルラスが数理経済学の先駆者というのは周知の事実ですが、彼は名門校、エコル・ポリテクニーク（理工科学校）の入試に二度も数学の不出来のせいで落ちています。

自伝をみると、彼は、解析幾何学、微積分学、解析力学などを、デカルト、ニュートン、ラグランジュの著作で学び、他方、数学者でやはり初期の数理経済学に貢献したアントワーヌ・オーギュスタン・クルノー（1801-77）の古典的名著『富の理論の数学的原理に関する研究』（一八三八年）も勉強しているので、入試準備としては万全だったのですが、テキストを吸収する力が不足していたと判断せざるを得ません。ワルラスは、いわゆる「秀才」ではなかったのです。

エコル・ポリテクニークの入試に失敗したあと、彼はエコル・ド・ミン（鉱山学校）に入学することになりました。鉱山学校も「グランゼコール」の一つで決して誰でも入れるような学校ではなかったのですが、自伝的文章によれば、「しかし私は、技術者にかかわる細かい専門知識に対してまったく興味がわかず、少しずつ学校の授業を怠けるようになり、哲学、歴史、文芸批評、経済学、社会科学についての自分の知識を完全なものにするために、熱意をもって文芸研究に戻った」とあります。

ワルラスは文学青年でしたが、同時に父親オーギュスト・ワルラスから経済学（正義論を含む）の重要性を再三にわたり聞かされており、文芸研究と経済学のどちらを選ぶべきか、真剣に悩んでいました。しかし、ついに一八五八年の夏のある日、経済学の研究に一生を捧げることを決意しました。そして、ワルラスの経済学上の一作目は、二年後、『経済学と正義――プルードン氏の学説に関する批判的検討と反論』（一八六〇年）と題して世に問われることになったのです。ワルラスは、ピエール・ジョセフ・プルードン（1809-65）の正義論批判の形を借りて、この本のなかで、すでに土地国有化論と賃金免税論を展開しています。ワルラスの出発点が、所有権の問題にかかわる正義論であったことは明白です。しかし、この段階では、「純粋経済学」はいまだに完成していませんでした。『経済学と正義』の内容に自信をもっていたワルラスは、一八六〇年七月、スイスのヴォー州にあるローザンヌで国際租税会議が開かれることを知ると、さっそく参加することを決意しました。彼の主張は、のちに二番目の著作『租税の批判的理論――ローザンヌ会議の回想に続いて』（一八六一年）にまとめられますが、ここでも土地国有化論と賃金免税論を展開したことは言うまでもありません。しかし、この会議でのワルラスの評判はあまり芳しいものではなく、提出した論文も四等賞を受賞したのみでした。ただし、この会議でスイス人、ルイ・リュショネ（1834-93）と出会ったことは、のちにワルラスの学者人生に決定的な影響を及ぼすことになります。

その後も、ワルラスはなかなか芽が出ませんでした。職も経済誌の編集者や鉄道会社の秘書課勤務など転々としています。ところが、ヴォー州の政治家たちがローザンヌのアカデミーを再編し、法学部に経済学講座を設立することを計画しているという知らせが彼のもとに届きました。ワルラスと親交のあったリュショネが知らせたに違いありません。ワルラスは直ちに採用審査を受けることにしました。しかし、一八七〇年八月七日、サン＝マンデを立ち、パリを経てノルマンディに向かったところで、普仏戦争（一八七〇—七一）という非常事態のなかで、原則四〇歳以下の既婚男子には動員令がかかり得るため、足止めを食らうことになりました。その間にも審査は進んでいました。もし審査に通ったとしても、ローザンヌに赴けるのだろうか——ワルラスは内心不安だったでしょう。

幸いなことに、ワルラスは召集されることもなく、ローザンヌでの審査も通過することに成功したのですが、決して簡単に決まったわけではありません。自伝的文章には、こうあります。「審査委員会は7人で構成されていたが、そのうちの3人が地元の名士で、4人が経済学の教授だった。前者は、私に対して好意的だったが、4人の教授のうち3人は、はっきりと反対だった。4人目の教授、ジュネーヴのダメト教授は、他の教授達と同様に私の考え方に賛成ではないが、このような見解は明らかに率直で真摯なものであり、それが教授されることが科学の利益に適うものと考えるので、私に一票を投じると言ったのだ」と(『ワルラスの経済思想』所収、155ページ)。そしてついに、一八七〇年一二月一六日、ワルラスは初めてローザンヌの教壇に立つことができたのです。

一八七〇年代を通じて、ワルラスは経済学を数理的科学として完成させる「純粋経済学」の仕事に邁進しましたが、この努力は、ようやく一八七四年と一八七七年に二分冊として刊行された『純粋経済学要論』に結実しました。その基本的な考え方——純粋経済学が「完全競争」を仮定したときの価格決定論にほかならないこと——は、前の章で説明したとおりです。ワルラスは、この主著を、生前、第四版(一九〇〇年)まで改訂し続けました。ワルラスは、純粋経済学に加えて、純粋経済学の応用である「応用経済学」(「分業に基づく産業組織の理論」とも呼ばれている)と、所有権の問題を取り扱う「社会経済学」の三つの部門から構成される経済学体系を構想していたのですが、純粋経済学以外は体系的な著作を完成することができず、それぞれ寄せ集めの論文集を、『応用経済学研究』(一八九八年)と『社会経済学研究』(一八九六年)として刊行しただけに終わりました。

ワルラス自身が三部門揃ったみずからの経済学体系を「科学的社会主義」と呼んだことも前の章で触れましたが、残念ながら、後世に残ったのは純粋経済学のみで、応用経済学や社会経済学はほとんど無視されました。いや、正確にいうと、経済理論を数理的に提示した純粋経済学は、長いあいだ、当時の学界の大勢には受け容れられず、ワルラスの晩年になってようやく少しずつ認められ始めたというほうが正しいと思います。自伝的文章のなかでも、ワルラスは次のように嘆いています。

「1892年の終わりに、私はつくづく思った——私の人生は、祖国を間違えた人間の人生だ。文学的でかつ数学的、哲学的でかつ経済的という二重の教養を必要とする革新的な仕事を、専修学校と官製の科学の国で成し遂げたいと考えている人間の人生なのだ。もし、総合的な大学と自由な科学の国に生まれていれば、私は哲学の学部で私に必要なすべての学科が見つかっていただろうに。20～22歳で博士号を取り、25～30歳で教授になっていただろうに。そうであったなら、私は今頃、私がまだ概略さえ示すことが出来ていない政治社会経済学の体系を発表し終っているだろうに——と。とはいえ私はさらに行程を果たし、私の体系の概略を示さなければならなかったのである。」（『ワルラスの経済思想』所収、160ページ）

ところが、二〇世紀に入ってようやく光明がさしてきました。一九〇一年から一九〇二年にかけて、ワルラスは祖国フランス内に初めて「弟子」と呼べるような数名の経済学者をみつけました（アルベール・オプティ、エミール・ブヴィエなど）。そして、オプティ氏からの知らせ（一九〇三年六月二日）によって、パリで数理経済学の講義がおこなわれるということを知ったのです。感極まったワルラスは、こう記しています。「その夜、私は開いた窓の前に座って、月光が湖とダン・デュ・ミディの影に頂を覆われた山々とを照らすのを見ながら、ついに私のすべての理論が、フランスに向けて発射されるのを見る思いがした」と。

こうして、ワルラスの仕事は少しずつ時間をかけて認められるようになり、死（一九一〇年一月五日）の前年六月一〇日には、ローザンヌ大学（旧ローザンヌ・アカデミー）において研究生活五〇周年を祝う式典まで開かれました。比較的平穏で幸運な晩年の日々だったと思います。

ワルラスの自伝的文章を大まかに紹介してきましたが、やはり忘れてはならないのが、ワルラスの出発点が所有権や正義の問題を扱う社会経済学だったことです。繰り返しになりますが、彼はみずから「科学的社会主義者」を名乗っていました。今日、ワルラスの純粋経済学（一般均衡理論）がふつう現代資本主義の基礎理論であると理解されているだけに、この事実は強調しておく必要があります。完全競争を仮定した価格決定論を数理的に提示したからといって、彼が富の分配や正義の問題に何の関心もない「自由放任主義者」だったと誤解してはなりません。

　ところで、ワルラスに研究生活への扉を開いてくれた恩人がスイス人のリュショネだったことは前にも触れましたが、ワルラスは一生リュショネに対する感謝の念をもち続けました。経済学者生活五〇周年を祝う記念講演に彼が選んだのも「リュショネと科学的社会主義」というテーマでしたが、そのなかにも、次のような言葉がみられます。「私達は2人とも25歳だった時に知り合いました。彼はその時以来、私が成し遂げた業績のすべてを知っていました。そして彼が私に、彼の国で政治社会経済学を教えるために立候補して欲しいと言って来たとき、彼は自分の相手の人物を正確に知り抜いていたのです。だから私は呼ばれたのです。私がローザンヌにやって来たのは、社会の不正義に対して、慈善や保険やアソシアシオンなどという対症療法を探して勧めるためではなく、社会問題をその真の観点に据えて、出来ればそれを科学的に解決するように努めるためにです。私はこのことで困らせたり、怒らせたりしたかもしれない人々に対しては、大変悪かったと思っています。しかし私が行ったことに関しては、私にはそれを行う絶対的な権利があり、また敢えて言えば、それを行う厳正な義務があったのです」と（『ワルラスの経済思想』所収、179～180ページ）。

私たちは、経済学の歴史に残るような人々とその業績に対して、叶う限り何らかの固定観念や偏見を抱かないように注意すべきだと思います。残念ながら、現代の経済学の教科書だけを読んでいては、このようなことを避けることはできません。そのためにも、経済学者の自伝や評伝などを読んで、彼らが登場してきた時代背景や、彼らが影響を受けた先人や同時代の人々の思想などを学ぶ必要があるのです。ワルラスもこの例外ではありません。

二　ミルの自伝

ジョン・ステュアート・ミルは、古典派の時代においてもっとも教養の深かった偉大な知性の持ち主の一人だった、といってもよいかもしれません。年配の方々には周知のことですが、彼の『自由論』（一八五九年）は、かつて旧制高校の英語のテキストとしてよく使われていました。その上、有り難いことに、彼は自己の思想形成について語った『自伝』（一八七三年）を残してくれたので、教科書を読んだだけではわからない彼の内面について、ある程度詳しく知ることができます。全部はとても無理ですが、彼の人物や思想の特徴を伝えてくれる箇所を中心に紹介することにしましょう（『ミル自伝』朱牟田夏雄訳、岩波文庫、一九六〇年）。

ミルは、古典派経済学の体系を完成したデイヴィッド・リカードの友人ジェームズ・ミル（1773-1836）の息子として生まれましたが、父ミル（息子のミルと区別するためにこう呼ぶ）は息子を幼い頃から早期教育によって徹底的に鍛え上げ、一〇代の青年の頃にはミルを、ひとかどの若き論客になるほどに成長させました。教育の内容をみると、三歳からギリシャ語、八歳からラテン語、一二歳から論理学、一三歳から経済学というように、ふつうの子供には吸収するのがとても無理なカリキュラムでした。しかし、ミルはそれに耐え抜き、高度に知性を磨き上げました。このような成功例はほとんどないと思います。

青年ミルは、基本的に父親やジェレミー・ベンサム（1748-1832）から教え込まれた功利主義に基づく「哲学的急進派」（私有財産の保障、自由と平等の社会の建設などを目指す）の一人として華々しくデビューしました。知性と教養と行動力にあふれた青年の未来は輝かしいものになると誰もが思っていました。ところが、一八二六年の秋、突然の不調がミルを襲いました。重い鬱病に沈んでしまったのです。『ミル自伝』を読んでみましょう。

「……私はだれしも時々おちいりがちなように、神経の鈍麻した状態にあった。快楽も、快い昂奮も感じなかった。ほかの時なら愉快と感じられることが、つまらなくどうでもよく感じられるような心境であった。メソディズムに改宗したものが最初の「罪の自覚」を感じて打ちのめされたようになる時に普通感ずるのがこの心境ではないかと思う。こういう状態のときに私は、次のような問を自らに発して見ることに思いいたった。いわく、「かりにおまえの生涯の目的が全部実現されたと考えて見よ。おまえの待望する制度や思想の変革が全部、今この瞬間に完全に成就できたと考えて見よ。これはおまえにとって果して大きな喜びであり幸福であろうか？」その時抵抗しがたい自意識がはっきりと答えた。「否！」と。これを聞いて私の内心の気持はガックリとし、私の生涯をささえていた全基盤がガラ〳〵とくずれ落ちた。私の全幸福はこの目標を絶えず追いつづけることにあるはずであった。ところがこの目標が一朝にして魅力を失ってしまった。して見ればそこに至る手段に、どうしてふたたび興味を感ずることができよう。もう私の生きる目的は何一つ残っていないように見えた。」（『ミル自伝』、前掲、120ページ）

ミルがいかにして、一八二六年秋から一八二七年にかけての冬に陥った鬱状態から抜け出したかを詳しく知るには自伝を読んでもらうほかありませんが（精神分析の専門家が幼い頃から彼を鍛え上げた父ミルから受けた精神的重圧などを理由に挙げているが、その点には立ち入らない）、そのヒントのひとつは、ミルみずからが、「私の長い間の知的修練が、早期に何でもかんでも分析してしまうことを私の抜きがたい習慣にしてしまって、そういう分析の持つすべてを解きほごす力に抵抗できるだけの強さのある感情を、私の受けた教育は育ててくれなかったのだ、と私には考えられた」と反省していることでしょう。

鬱に苦しんでいる期間中、ミルはワーズワースの詩を読んだり、カーライル、コウルリッジ、ゲーテなどロマン派の著作をひもといたりしていますが、そのおかげで、彼は資本主義制度や私有財産制度などを「自明の理」として前提していた古典派経済学の欠陥に気づき、「歴史的相対性」という概念を学びました。さらに、フランスのサン゠シモン派の著作も読んでいますが、彼らはもっと踏み込んで歴史相対主義を説いていたので、なおさらミルにその視点の重要性を植えつけたかもしれません。もっとも、ベンサム主義に基礎を置いた哲学的急進派の立場を完全に捨て去ったわけではないので、正確には、ロマン主義やサン゠シモン派の著作を読むことによって、歴史相対主義の立場も考慮し、従来の立場を修正したというべきでしょう。ミルの「精神的危機」といわれる期間は、確実に彼の思想を重要な意味で変容させたのでした。

例えば、その影響は、ミルが『経済学原理』（初版は一八四八年、一八七一年の第七版まで改訂された）をまとめるに当たって、「生産の法則」と「分配の法則」の峻別となって現われました。――ミルによれば、生産の法則は、土地の収穫逓減の法則やマルサスの人口法則に規定されるという意味で「自然法則」に類似した性格をもっている。ところが、分配の法則は、「一定の制度と習慣」（リカード経済学では、資本主義的な私有財産制度）を所与として、賃金・利潤・地代の決定を考察することによって導出されたものである。しかし、それが「一定の制度と習慣」を前提にしている以上、その前提が変われば別の分配の法則が導かれるだろう。その意味で、分配の法則は、「人為的制度」に決定的に規定されると。

ミルは、一八五一年に結婚したハリエット・テーラーの力が大きかったと示唆していますが、その辺は、自伝に次のように書かれています。

「……その調子はどこから生まれて来たかというと、それは主として、富の生産の諸法則（これは対象自身の性質にもとづく完全な自然法則である）と、その分配の方式（このほうはいくつかの条件下に人間の意志によって決定される）との間に当然な区別を立てたことから生み出された。普通の経済学者はこの両者を同じ経済法則の名のもとに混同して、人間の努力によってくつがえしたり修正したりすることはできないものと考え、われわれの地上での生存にともなう不可変の諸条件に依存するものと、実は特定の社会機構の必然的結果にすぎずしたがってその機構がかわれば当然かわるようなものと、その双方に同じ必然性を認めようとする。一定の制度と習慣とが与えられれば、賃銀や利潤や地代等は一定の原因によって決定されるのであるが、この派の経済学者たちは、そういう不可欠の前提条件を見おとして、これらの諸原因が、人間の力ではどうにもならぬ内在的な必然性によって、生産物の分配にあたっての労働者、資本家、地主、三者それぞれの取り分を決定するのだと論ずる。私の「経済学原理」は、これらの諸原因がその前提となる諸条件のもとでいかに作用するかを科学的に理解しようと目ざした点では、先輩諸氏のどの著書にもあえてひけをとるものではないが、ただそれらの諸条件を最終的なものとは扱わないという点で新機軸を出した。経済法則は自然の必然性だけによってきまるのではなく、それと現存の社会機構との組み合せによってきまるのだから、当然それは一時的なもの、社会改良の進度によって大いに変化を受けるべきものと、本書は扱ったわけである。実は私のこういう見解は、サン・シモン派社会主義者たちの所説を考察することによって私の頭によびさまされた考え方からその一部は発したものだったが、それが全巻にゆきわたってこの著作に生気をふきこむ強い指導原理となったのは、妻の刺戟によるものであった。」（『ミル自伝』、前掲、214〜215ページ）

ミルの考え方は、わかりやすくいえば、ある理論が何らかの前提条件の上に構築されている場合、その前提条件が歴史的に変化するようなら、その理論の妥当性も歴史的に制約されざるを得ないということを意味しています。そのように理解すると、ミルが有名な『自由論』のなかで「絶対的な真理」を否定し、部分的で不完全な真理を積み重ねながら前進する以外にないと強調しているのも肯《うなず》けるのではないでしょうか。

「ふつう、対立しあう意見は、一方が正しく他方が誤りというより、どちらにも正しい部分がある。常識的な意見に含まれる真理は部分的なものにすぎないため、常識に逆らうような意見も、真理の残りの部分を補うものとして必要なのである。

簡単にわかるようなものでない問題については、一般に流布している意見がしばしば正しいけれども、それが真理の全体であることはめったに、というか、絶対にない。あくまでも真理の一部分にすぎない。

それは全体の大部分であったり、ほんの一部分であったりもするが、ともかくそこでは真理が誇張され、ゆがめられている。本来なら、それに付随し、それに制約を加えるはずの別の真理部分は、そこから切り離されている。

これにたいして、異端の意見は、おおむね、抑えつけられ無視されてきた真理のいくつかが、抑圧の壁を打ち破って噴出してきたものである。

異端の意見は、主流の意見に含まれる真理との折り合いを追求する場合もあれば、どこまでも主流に敵対し、主流と同様に排他的となり、自分こそ真理のすべてだと主張する場合もある。

いままでは、異端者のほうも排他的になる場合がほとんどだった。なぜなら、人間の心は一面的になるのが通例であり、多面的になるのは例外だったからである。ゆえに、世論に革命が起きても、ふつうは真理の一部分が浮かび上がって、別の部分が沈む。進歩というのは、真理が積み重なっていくことであるはずなのに、たいていの場合、部分的で不完全な真理が、別のやはり部分的で不完全な真理に置き換わるだけなのだ。そして、改善というのも、主として、新しい真理の断片が、以前のものより求める声が大きく、時代のニーズに合うので、以前のものと入れ替わることを指す。

その時代の支配的な意見は、たとえ正しい根拠にもとづいている場合でさえ、このように一面的な性格をもつ。したがって、世間一般の意見にはない真理部分をいくらかでも含む意見なら、そこにどれだけ誤りや混乱がまざっていようとも、すべて貴重なものと考えなければならない。」（『自由論』斉藤悦則訳、光文社古典新訳文庫、二〇〇一

二年、112〜114ページ）

ミルが持論をとても慎重に主張している傾向があるのは、この文章を読んでもわかるはずです。現在「主流」とみなされている意見も、絶対的真理ではなく、時間をかけて「異端」の説からも何かを採り入れていくべきだという考え方は、ひいては、現にある私有財産制度に基づく資本主義という経済体制が永遠に不変ではなく、制度や習慣の変化によって変容していく可能性を認める方向に導かれます。ミルは、のちに「比較経済体制論」と呼ばれるような分野の開拓者だったのです。

比較経済体制論とは、簡単にいえば、資本主義と社会主義という二つの経済体制をいろいろな角度から比較し、その長短を論じる分野のことです。ミルは、慎重にも、両体制を比較する場合、現行の資本主義と最善の社会主義を比較するのは公正に欠ける、とことわっています。ミルは、社会主義者たちの理想主義には共感していたので、社会主義のもとで労働者や女性の解放が進むならば資本主義よりも優れている点だと評価はしていますが、他方で、社会主義のもとで個性の画一化が強いられ、出版や言論の自由が脅かされる可能性も同時に警戒し、資本主義から社会主義へと一足飛びに移行することには賛成していません。

ミルの立場は、「漸進主義」といえば一番近いのではないでしょうか。つまり、現行の資本主義には多くの欠陥があるけれども、それを一つずつ徐々に改革していく路線のほうが、いきなり社会主義に移行し、私有財産制度を否定するというような「荒療治」よりも、個人の自由や言論の自由を維持しながら経済悪を除去する方向に前進できるという考え方です（このような立場は、限界革命ののちにイギリスの正統派経済学の権威者となるアルフレッド・マーシャルに受け継がれていく）。

ミルの『自由論』も、自伝を読むと、ハリエット・テーラーの助力を得て、文章においても内容においても大きな改善がなされたと書かれています。

「『自由論』は私の名を冠した他の著作とくらべても、より直接に文字通り二人の合作であった。その中のどの一文にしても二人で何度も推敲し、いろいろと吟味し、内容にせよ表現にせよ見つけ得たかぎりの欠点をたんねんに刈り取るということをしなかったものはない。この著作がついに彼女の最後の改訂を受けなかったにかかわらず、単なる文章の模範としては、それ以前それ以後に私の生み出したどの作品をもはるかに凌いでいるのは、まさにこのためである。内容に関しては、どこか特定の部分なり要素なりをとり出して他以上に妻のものと指摘することはむつかしい。この本に表明されている全体の考え方は、たしかに彼女のものであったが、私自身もすっかりそれに感化されていたから、当然同じ考えがわれわれ双方の頭に思い浮かんだわけである。しかしそれがこのように私にもしみこんでいたというのは、多分に彼女のおかげである。」(『ミル自伝』、前掲、219ページ)

ミルのハリエット賛はたぶんに行き過ぎの感もありますが、『自由論』が、「独創性」という点ではとくに光ってはいないものの、わが国で旧制高校の時代から読み継がれた名著であることには変わりがありません。たしかに、『自由論』は『経済学原理』よりも読みやすい文章で書かれていますが、それは想定している読者の層がより広いからだろうと思い込んでいました。ミルが自伝で述べているように、ハリエットの協力が大きかったというのが事実とすれば、私にとっては一つの発見でした。自伝を読まなければわからなかっただろうと思います。

三　ロビンズの自伝

ライオネル・ロビンズ（1898-1984）は、現代経済学史では、『経済学の本質と意義』（初版一九三二年、第二版一九三五年）の著者として知られています。この本は、いま、よく読まれているとまでは言えませんが、そのなかで提示された経済学の「稀少性」定義だけは経済学の全領域に確実に根を下ろしています。すなわち、「経済学は、代替的用途を持つ稀少な手段《ミーンズ》と、目的《エンズ》との間にある関係性としての人間行動を研究する科学である」と（『経済学の本質と意義』小峯敦・大槻忠史訳、京都大学学術出版会、二〇一六年、17ページ）。

稀少性定義は、人間の欲望と比較してそれを満たす手段は有限であるという社会経済の根本的事実に基づいているので、ある意味でわかりやすいとも言えます。現代経済学は、このような稀少性定義の延長線上に「制約条件付きの最大化問題」（例えば、予算制約内の消費者の効用最大化）を置き、それを数理的に明確に提示する手法をとりました。これは、いまでは、経済学の初歩を学ぶ学生でも知っていることです。

しかし、私は経済思想史家なので、ロビンズがどのような経緯で稀少性定義に到達したのかに関心がありました。その際に非常に参考になったのが、『一経済学者の自伝』（一九七一年）という彼の自伝でした。それをもとにロビンズの思想形成の謎を解いたのが、私の一作目『現代イギリス経済学の群像』（前掲）の狙いの一つでした。もう三〇年近い前の話です（現在では、ロビンズ自伝は、日本語でも読むことができる。『一経済学者の自伝』田中秀夫監訳、ミネルヴァ書房、二〇〇九年）。

ロビンズは、第一次世界大戦が勃発したあと、愛国の念に駆られて、ロンドン大学ユニヴァーシティ・カレッジを中退し、志願兵となりました。両親を説得するには難儀しましたが、「やむに已《や》まれず」という表現がピッタリでしょう。三年間の軍隊生活で最後は西部戦線で傷を負い、傷病兵としてイギリスへ送還されるのですが、戦争が終わったとき、彼は大学に復学して学業を続ける意欲を失っていました。第一次世界大戦が「青天の霹《へき》靂《れき》」のごとく勃発したというのは多くの物書きが使う表現ですが、長い平和のあと、ヨーロッパ大陸が主戦場となり、戦前の秩序が復元不可能なほど疲弊してしまったのを目の当たりにして、青年ロビンズも、何か根本的な社会変革が生じることを期待するような雰囲気のなかに浸っていました。

しかし、共産主義やマルクス主義は好きになれませんでした。唯一心を惹かれたのはギルド社会主義ですが、父親とけんか別れした彼には、つてもありませんでした。そんなロビンズを拾ってくれたのが、アーサー・グリーンウッド（1880-1954）で、彼が指導者の一人だった飲酒改善運動にかかわることになりました（グリーンウッドは元リーズ大学経済学教授で、労働党指導部に信頼されていた）。ロビンズは初めは未知の分野でもあり、熱心に運動に取り組んだのですが、やがて彼が期待した社会変革はいつになっても起こらず、運動の指導者たちが経済問題にまったく無知であることに失望するようになるのでした。

悩みつつ、経済学の教科書をひもといてみると、直接運動に役立つ実践的な提案はなかったでしょうが、きわめて重要で根本的な問題の所在が明らかにされていました。「そこには、社会経済学が明快かつ理知的な言葉で説明し吟味した、基本的諸事実があった。そこには、どんな社会も直面せざるを得ない経済問題があり、それが多かれ少なかれ、現実的な見地から認識され議論されていた。なぜこれらすべては、自分がかくも信じ頼っていた社会改革者の宣伝文献では無視されていたのか、と私は自問した。集産主義的な社会におけるこれらの問題の有効な解決のためには、どんなやり方で思索をめぐらせればよいのか。全面的に目新しい観想が私の見解に忍び寄ってきて、私はその筋から物事をさらに追究したいという強い衝動を覚えた」と（『一経済学者の自伝』、前掲、65～66ページ）。
ロビンズは、こうして経済問題の本質に関心のない運動自体に疑問を抱くようになり、ついに運動とは手を切る決意を固めました。父親と和解し、ＬＳＥ（London School of Economics and Political Science）で経済学を徹底的に学び直したロビンズは、いくつかの大学での教育歴を経て、一九二九年、若き教授としてＬＳＥに戻ってくることになるのですが、彼の名前を有名にした『経済学の本質と意義』は、ＬＳＥに帰還した数年後に出版されることになります。

このようなロビンズの経歴を知って改めて『経済学の本質と意義』を読んでみると、ギルド社会主義運動の幻想から目覚めた冷静な一研究者による文章と思《おぼ》しきものがところどころに登場しているのがわかります。「我々は楽園から追放された。永遠の命も、欲求充足を可能にする無限の手段もない。どこを向いても、ある物事を選択すれば、他の物事――別の状況では、断念したくないと思う物――を断念しなければならない。与えられた複数の目的を満たす手段が稀少であることは、人間行動のほぼどこにでもある条件である」と（『経済学の本質と意義』、前掲、16ページ）。

もっとも、ロビンズは、前に挙げた経済学の稀少性定義を提示するに当たって、みずからの独創性を誇示しているわけではなく、それが自分が研究したオーストリア学派や、『経済学の常識』（一九一〇年）という著作で有名なイギリスの経済学者フィリップ・ヘンリー・ウィックスティード（1844-1927）などから自然に出てきたものだとことわっています。たしかに、わが国にも、戦前から「配分原理」を強調した大熊信行（1893-1977）というユニークな経済学者がいたので、ロビンズのみがそのような考え方をもっていたわけではありません。しかし、ロビンズが稀少性定義を打ち出し、看板教授の一人としてLSEでリーダーシップを握らなければ、あれほど急速に学界に普及することはなかったと思います。

ところで、LSE教授になってからのロビンズは、ヨーロッパ大陸からオーストリア学派の流れをくむフリードリヒ・A・フォン・ハイエクを教授に招くとともに、ジョン・リチャード・ヒックス、ニコラス・カルドア（1908-86）、アバ・P・ラーナー（1903-82）などの若手研究者たちを養成し、きわめて強力な研究集団を形成していきます。ロビンズとハイエクは、当時のいくつかの重要問題に関して、しばしば反ケインズあるいは反ケンブリッジ的な立場をとったので、世間からは反ケンブリッジの拠点とみなされていました。

しかし、LSEとケンブリッジのあいだには相互に研究者の交流があり、なかにはカルドアのように、のちにケインジアンに転向してしまう研究者もいたくらいなので、あまり単純な図式化は誤解を招きやすいと思います。

ただし、一九三〇年代のロビンズが、ハイエク流のオーストリア学派的な立場（「右派的」と表現する者もある）にもっとも近づいたことは確かです。「経済学者ロビンズ」のイメージは、この頃の仕事によって形成されたので、自伝を読まない限り、彼の立場がのちに微妙に変化したことを理解できないでしょう。

例えば、一九三〇年代のロビンズは、ハイエクとともに、オーストリア学派の景気循環論（銀行信用の助けを借りて過剰に進められた投資に恐慌の原因があるので、対策としては自発的貯蓄の増加や信用引き締めが提案される）に基づいて、不況対策としての公共事業政策（赤字財政を伴うが、ケインズその他が提唱していた）に反対しましたが、ロビンズは、自伝のなかで、当時の経済状況に対する処方箋としては公共事業政策に反対した自分が誤っていたと素直に認めています。

「……私は、論理的首尾一貫性に関しては、本質的に妥当性がないわけではなかったとしても、当時展開していた全般的状況に対しては妥当しなかったし、それゆえ私の判断を誤らせた理論的建造物の奴隷となっていた。……

こうした不幸な結論が得られるように思われた基本的な理論は、新しいものではなかった。古典派経済学以降では、経済危機の原因は流通資本を固定資本に過度に転換することに起因するという考えが見られる。言い換えれば、カッセルが後にほとんど同じことを述べたように、これは、貯蓄に回る分が不十分なために、現在生産される実物資本財が利益の得られる価格にならない状態である。しかし、この見解は、いわゆる第二世代のウィーン学派、とりわけミーゼスやハイエクの仕事によって、近年はるかに大きな一貫性を与えられていた。そのなかでは、この「実物的な」不均衡の出現は、貨幣利子率が、貯蓄傾向と投資傾向の関係を十分に反映できていないという観点から説明された。このように示されると、その説明は、完全性と論理の強さにはるかに優れているという外観を獲得した。二〇年代後半に私はその理論を知ったが、それは私の考えに強い影響を与えた。……

私はいつも、ケインズとの論争のこの側面を、私の専門的な経歴のもっとも大きな誤りであったと常にみなしているし、また私が一部にはこのような姿勢を正当化して、その後に書いた『大不況』〔一九三四年〕という著作を、自ら忘れられたいと思っているものと考えている。」（『一経済学者の自伝』、前掲、167〜168ページ）

第二次世界大戦後、ロビンズはケインズ経済学の少なくとも一部を受容した経済学者となっていました。サムエルソンの「新古典派総合」に近い立場をとるようになっていたといってもよいと思います。この事実は、長いあいだ、わが国の学界には正確に伝わりませんでした。それだけ、戦前のイメージが強く残っていたということでしょうが、自伝を読めばそのような誤解も解けるという意味で私が自伝の効用を説くゆえんでもあります。

〔コラム⑨〕日本人経済学者の自伝

ノーベル賞や受賞者の人気は相変わらず高いものがありますが、経済学賞受賞候補といわれたにもかかわらず好機がつかめず受賞できなかった、日本の著名な経済学者の自伝にも興味深いものがあります。

一人目は宇沢弘文（1928-2014）です。宇沢氏は数学者として出発しましたが、のちに経済学に転じ、若くしてシカゴ大学教授になるほど評価の高い数理経済学者でした。

宇沢氏の自伝（『経済と人間の旅』日本経済新聞出版、二〇一四年）には、数学から経済学に転じた理由が綴ってありますが、直接的なきっかけは、マルクス経済学者として著名だった河上肇の『貧乏物語』（初版は一九一七年、現在は岩波文庫に収録）に感銘を受けたからだということでした。

もっとも、宇沢氏はマル経学者にはならなかったのですが、河上がよく引用したジョン・ラスキンの言葉（There is no wealth but life.）を、「富を求めるのは道を聞くためである」と自分流に「翻案」し、座右の銘にしていました。アメリカで数理経済学者として高く評価されたのは、一般均衡理論や経済成長論の分野での業績があるからですが、ラスキンの「心」を忘れることはなく、ベトナム戦争を境に主流派経済学に対する疑問を募らせ、日本に帰国してから、『自動車の社会的費用』（岩波新書、一九七四年）、『地球温暖化の経済学』（岩波書店、一九九五年）、『社会的共通資本』（岩波新書、二〇〇〇年）など、市場メカニズムの欠陥を突く著作を発表し続けました。厳しい批評家は、ノーベル賞候補の対象になった仕事（基本的に主流派の枠組みのなかにあるが、ほとんど前期に集中）と、環境問題や社会的共通資本への関心など主流派批判につながる仕事（ほとんど後期に集中）のあいだに論理的整合性がないことを批判したがるのですが、マーシャルがモットーにした「冷静な頭脳と温かい心」をもった、魅力的な経済学者でした。

二人目は森嶋通夫（1923-2004）です。森嶋氏は、京都大学で高田保馬と青山秀夫から経済学と社会学を学びましたが、彼の名前を世界的に有名にしたのは、やはり数理経済学の業績でした（一般均衡理論や多部門成長モデルなど）。宇沢氏と同様に、ノーベル経済学賞受賞候補と言われ続けながら、結局、受賞には至りませんでした。森嶋氏は、三巻からなる大きな自伝（『血にコクリコの花咲けば』一九九七年、『智にはたらけば角が立つ』一九九九年、『終わりよければすべてよし』二〇〇一年、すべて朝日新聞社刊）を書いていますが、これを読むと、若い頃から高田や青山から社会学と経済学を学んでいたので、自分が「数理経済学者」と呼ばれることには違和感を表明しているのがわかります。

たしかに、後期の森嶋は、『なぜ日本は「成功」したか?』（TBSブリタニカ、一九八四年）、『イギリスと日本』正・続（岩波新書、一九七七―七八年）、『なぜ日本は没落するか』（岩波書店、一九九九年）など、狭い意味での経済ばかりでなく、歴史や社会や文化などを含めた社会科学を志していたように思えるので、森嶋氏の異議申し立てにも一理があります。しかし、森嶋氏の名前が世界的になったのは、前期の数理経済学者としての仕事があったからだというのも真なのです。宇沢氏と同様、森嶋氏も、世間で評価された数理経済学と、本来自分が成し遂げたいと思っていた仕事のあいだに埋めがたき溝があることは否定できません。

三人目は青木昌彦（1938-2015）です。学生時代の青木氏は、安保全学連（ブント）の活動家として有名でしたが（姫岡玲治というペンネームでものを書いていた）、安保闘争後に運動とは手を切り、アメリカで近代経済学を学びました。ミネソタ大学で博士号を取得してから幾つかのアメリカの大学のポストを歴任しますが、日本に帰国してからは、京都大学経済研究所を拠点に学問に従事しました。とはいっても、国際的に活躍する経済学者の常として、頻繁に欧米の大学に招かれていましたが、アカデミックなポストとしては、最終的にスタンフォード大学を選んでいます。自伝は、『人生越境ゲーム　私の履歴書』（日本経済新聞出版、二〇〇八年）としてまとめられています。

青木氏の業績は、代替的な制度様式をゲーム理論を駆使して比較するという「比較制度分析」の開拓に収斂していきました。例えば、日米の企業の差異を、歴史や習慣などに依存するのではなく、欧米人にも明確に理解できるゲーム理論という「普遍言語」を駆使して解明したのです。いまでは、比較制度分析の研究者も、その方法論に学んだ比較歴史分析の研究者も増えていますが、やはり開拓者としての青木氏の貢献は大きかったと思います。もう少し長生きすれば、あるいはノーベル経済学賞を受賞したかもしれません。しかし、青木氏がみずから名づけた「人生越境ゲーム」の自伝を読むだけでも、読者はスリリングな生涯にワクワクするのではないでしょうか。

［コラム⑩］評伝の経済学

私の一作目は、一九八九年四月、『現代イギリス経済学の群像――正統から異端へ』と題して岩波書店から刊行されました。もう三〇年近く前のことです。この本には、J・R・ヒックス、ニコラス・カルドア、ジョーン・ロビンソン、ライオネル・ロビンズ、ミハウ・カレツキ、ロイ・F・ハロッドの六名の経済学者（カレツキ以外はイギリス人だが、あえてカレツキを入れたのは、彼が戦後のポスト・ケインズ派の展開に大きな影響を与えたからである）の生涯と理論を取り扱っていますが、数名の転向者が含まれているので、執筆しながら経済学者の「転向」もつねに頭の隅に入っていました。「序に代えて」のなかで、私は次のように書いています。「人間の思想は変化するものである。思想の一貫性を誇るのも一つの尊敬すべき立場であるが、どうしようもない壁にぶつかって、自らの立場を変更するという決意もまた勇気を要する行為であるように思う」と。

出版当時、ヒックスが転向者であることは専門家のあいだでも一般に知られていませんでした。イギリス留学経験もある飯田経夫（故人）は、「へえ」という感想を漏らしたと師の一人から間接的に聞きました。ヒックスは、『価値と資本』（初版は一九三九年）

に代表される一般均衡理論の仕事や、ケインズの標準的な解釈を提示したIS/LM論文（一九三七年）などによって有名だったので、教科書しか学ばなかった人は、「ヒックス＝正統派の大御所」というイメージを抱いていたかもしれません。

しかし、『経済史の理論』（一九六九年）前後から、現代では、需要と供給によって価格が決まる「伸縮的価格市場」の役割は小さくなり、生産者が生産費をもとに価格を設定する「固定価格市場」の重要性が増していることに気づき、完全競争を仮定した過去の著作『価値と資本』の限界を口にするようになりました。後期のヒックスは、「歴史的時間」を重視し、ある面で異端派のポスト・ケインジアンに近づきましたが、逆にいうと、主流派から離れていくにつれて、学界の評価が微妙になってきたのも事実です。もちろん、前期ヒックスの仕事はきわめて高く評価されていたので、一九七二年度のノーベル経済学賞の栄冠にも輝きました。しかし、本人は、親しい人たちに、『経済史の理論』のような仕事でノーベル賞がとれたならもっと嬉しかったと漏らしていたようでした。

ライオネル・ロビンズの転向については本文で触れたので繰り返しません。LSEでの教え子の一人だったニコラス・カルドアは、初期は師の影響を受けてオーストリア学派を研究しましたが、その過程でハイエクやミーゼスの景気循環論に疑問を抱くようになり、その後、ケインジアンへと転向しました。私たちが学生の頃は、カルドアはジョーン・ロビンソンとともにイギリスのポスト・ケインズ派の重鎮になっていたので、初期の仕事を詳しく調べなければ、カルドアが転向者であるという意味がわからないと思います。尊敬していたロビンズとの対立、内面の知的葛藤などを描くには、本人の心の内を推し量る想像力が必要でしょう。

経済学史を教えるとき、私は自分の教科書（『経済学の歴史』講談社学術文庫、二〇〇五年）に沿って最初に大まかな生涯を紹介したあと理論や思想の説明に移りますが、一作目では、生涯と思想を分離しない方針を貫きました。私は「あとがき」で次のように書いています。「たしかに、分離した方が書きやすいし、すっきりとするかもしれないが、評伝の面白さは、その人物が時代状況や経験に動かされてその思想を形成ないし変化させていくのをヴィヴィッドに描くことにあると私は信じていたので、あえてそういう方法を取ることにした」と。のちに私はシュンペーターやガルブレイスの評伝に取り組みましたが、一作目の方針を踏襲し、生涯と理論を分離せずに書き終えました。

付録：読書案内

誰にも当てはまる読書スタイルはない

読書案内といっても、これから書いていくことは、私の体験に基づくものなので、誰にも当てはまるような「一般論」ではありません。ほかの人が書けば、きっと違うものになるでしょう。それゆえ、読者はこの案内を読んでそのまま模倣するというよりは、自分の読書スタイルを確立する際の「参考」にしてほしいと思っています。

経済学を学んでいく上で、「ミクロ経済学」「マクロ経済学」「計量経済学」の教科書を初級から中級を経て上級まで学んでいくのは当然のことなので、ここでは繰り返しません。どの教科書が自分に合っているかは結局自分にしかわからないので、他人の意見を鵜呑みにしないように気をつけて下さい。

私にもこんな経験があります。学生の頃、定評のあるミクロ経済学の教科書がありました。その本は、ほとんど数学を使わず、できるだけ幾何学的な説明に徹した書き方で有名で、多くの専門家が推薦書に指定していました。しかし、私にはどうも苦手で読み進めるのがつらくなりました。なぜかというと、微分や偏微分程度の数学なら積極的に使って説明してくれればすぐわかるところを、すべて図だけで記述しているのについていけなかったからです。限界革命以後に形成された新古典派経済学では、限界原理を使った経済理論がたくさんあるのですが、それらは簡単な微分や偏微分の知識があるだけでも理解はずっと容易になります。それ以後、「ほとんど数学を使わずに」というフレーズを売り物にした教科書は避けるようにしましたが、そのほうがミクロ経済学やマクロ経済学の学習がスムーズに進み、大学院受験でも大学院の授業でも苦労したことはありません。

ほかにも、線型数学の知識があれば理解が容易になるレオンチェフの産業連関論、線型計画論、スラッフィアンによるスラッファ経済学のモデル化など、例はいくらでも挙げられますが、特別に高度な数学でなくとも、経済学の教育に積極的に使ったほうが理論的視野が広がるものが少なくありません。

というように、誰にもすすめられる読書案内などはないのだ、と先にことわっておきます。

自分にとっての「名著」をつくる

ふつうの読書でも一回読んだだけではなく、再読、三読することによってますます「よい本だな」という思いが強まる「名著」というものがあります。経済学とくに経済思想と無関係とは言えませんが、社会学者の清水幾太郎氏が書いた『倫理学ノート』（岩波書店、一九七二年）は、私にとってそんな名著の一つです（のちに、講談社学術文庫、二〇〇〇年に収録）。プラグマティズム擁護の立場から、若き日のケインズにも大きな影響を与えたムーアの功利主義批判を再吟味し、デカルトを批判したヴィーコの再評価、ヴィトゲンシュタインの前期から後期への転向、等々、次から次へと思想史上の話題を取り上げ、読者を惹き込みます。この本を読んで思想史研究に駆り立てられた読者は数知れないでしょう。私もその一人です。

清水氏は名文家としても知られていましたが、六〇年近く前に書かれた『論文の書き方』（岩波新書、一九五九年）も、自身が訳したE・H・カーの『歴史とは何か』（岩波新書、一九六二年）とともに、いまだに読み継がれている名著です。『論文の書き方』の「論文」とは、堅苦しい学術論文ではなく「知的散文」（エッセイと言ってもよい）の意味ですが、最近の大学生は、読書量が減ったばかりでなく、エッセイの書き方にも慣れていないので、一読をすすめます。

カーの『歴史とは何か』は、「歴史とは現在と過去との対話である」という言葉で有名ですが、これは広い意味での歴史研究に従事している人たちのすべてが、明確に意識しなければならないメッセージです。以上の三冊は、私が折に触れて繰り返し読んできたという意味で、まぎれもなく私にとっての名著です。

経済思想史研究を志してから繰り返し読んできたのは、『国富論』『資本論』『一般理論』などの重要古典を除けば、J・M・ケインズの『人物評伝』大野忠男訳（東洋経済新報社、一九八〇年）かもしれません。ケインズは、二〇世紀最大の経済学者であったばかりでなく、ジャーナリストとしても一流でしたが（というよりも、広い意味でのジャーナリスト活動の一環として経済学の仕事があったというべきか）、さらに評伝作家としても非常に優れていました。この本には、師であったマーシャル、リカードと理論的に対立したマルサス、科学者と錬金術師の二つの顔をもっていたニュートンなどの評伝が収められていますが、現在では細かいところでミスがみつかってはいるものの、彼らの生涯をケインズほどヴィヴィッドな筆致で書き上げた者はいないと思います。実は、私が最初に読んだのは、熊谷尚夫・大野忠男訳（岩波現代叢書、一九五九年）のほうですが、どちらも信頼に値する学者が訳しているので、安心して読めます。

しかし、このような名著は、原典でも読んでほしいところです。高価な全集版ではなく、探せば比較的廉価なペーパーバックがすぐにみつかります。

John Maynard Keynes, *Essays in Biography*, first published in 1933, Martino Fine Books, 2012.

ケインズの『人物評伝』が天才のひらめきに満ちた言葉がちりばめられているとすれば、二〇世紀経済学のもう一人の天才シュンペーターが書いた評伝集『十大経済学者』中山伊知郎・東畑精一監修（日本評論社、一九五二年）は、シュンペーターの学識がフルに発揮された名著です。マルクスにせよケインズにせよマーシャルにせよ、シュンペーターは、当時手に入った文献はことごとく渉猟した上で含蓄のある文章を書いています。訳文は少々古くなったので、やはり原典に当たってほしいと思います。

Joseph A. Schumpeter, *Ten Great Economists from Marx to Keynes*, first published in 1952, Routledge, 1997.

私は、シュンペーターのマーシャル論やケインズ論から、思想史上の論点になり得る多くの事柄を吸収したと思います。シュンペーターの経済学史としては、専門家には『経済分析の歴史』福岡正夫訳、上・中・下（岩波書店、二〇〇五―〇六年）を推薦すべきですが、初心者なら先に『十大経済学者』を読んだほうがよいでしょう。

ケインズやシュンペーターの書いた評伝を読んでいくうちに、それを書いた人たちの生涯や思想への関心につながっていくのは自然なことです。私が読んで勉強になったのは、次のような本でした。

伊東光晴『ケインズ』（岩波新書、一九六二年）
早坂忠『ケインズ』（中公新書、一九六九年）
伊達邦春『シュンペーター』（日本経済新聞社、一九七九年）

伊東光晴氏は、ケインズ研究の大家で、のちに京都大学で私の指導教授の一人になりました。岩波新書の『ケインズ』は、生涯・思想・理論のすべての面においてバランスよく記述されています。現在でも版を重ねている名著です。後半の現状分析の部分はさすがに古くなっていますが、吉川洋『ケインズ』（ちくま新書、一九九五年）を読んで補完すると理解が深まるでしょう。

早坂忠氏の『ケインズ』は、理論の解説が伊東氏の岩波新書よりも少なめな半面、歴史や思想の解説が多いので、図や数式が苦手という人にはこちらをすすめます。

伊達邦春氏の『シュンペーター』は、シュンペーターの著作を引用しながら経済発展論や景気循環論を丁寧に解説しています。生涯の部分は、おもにこの本が依拠しているE・シュナイダーの本とあわせて読むとドイツ語の勉強にもなります。

Erich Schneider, *Joseph A. Schumpeter: Leben und Werk eines großen Sozialökonomen*, 1970.

シュナイダーは、ボン大学教授時代のシュンペーターの教え子で、のちに西ドイツを代表する経済理論家として活躍しました。この本は比較的小さな本ですが、師であるシュンペーターへの尊敬の念にあふれる好著です。

経済思想史の研究を志したとき、のちに恩師となる菱山泉（1923-2007）の三冊の本と出会いました。

『重農学説と「経済表」の研究』（有信堂、一九六二年）
『近代経済学の歴史』（有信堂、一九六五年）
『リカード』（日本経済新聞社、一九七九年）

この三冊と出会わなければ、私は京都大学の大学院で菱山先生の指導を仰ぐことにはならなかったと思います。シュンペーターに関心のあった私は、「静態」の描写でいつもケネーの名前が出てくることを気にかけていましたが、経済学史の教科書の記述は、決まって『経済表』をマルクスの「単純再生産」のように与件が変わらなければ永遠にすべての経済量が不変のままに循環している状態として解説したものばかりでした。それは決して誤った解説ではないのですが、フランス革命前夜に百科全書派の哲学者たちと付き合っていたケネーが単に「循環」のモデルだけで満足したのだろうかという疑問は残りました。ところが、菱山先生の『重農学説と「経済表」の研究』では、ケネーの『経済表』が地主階級の支出性向次第で単純再生産にも拡大再生産にもなり得ること、そして『経済表』は実は農業を中心とする経済発展のモデルとして解釈することができることが数理的モデルとして提示されていました。ケネー周辺の思想史の紹介も行き届いています。この本には本当にショックを受けました。真の意味での「啓蒙書」でした。

『近代経済学の歴史』は、ケンブリッジ学派が学派の創設者であるマーシャルからピグーを経てロバートソンやケインズにつながっていくことを解説した好著です。三〇年以上前は、欧米でも日本でも、ケインズ革命の主人公であるケインズの研究は盛んにおこなわれていましたが、それと比較すると、マーシャル、ピグー、ロバートソンの研究家は少なかったと思います。この本を読むと、ケインズがマーシャルというイギリスの正統派経済学の流れから出てきた「革命児」であることがよくわかります。この本は、のちに私が解説を書いて、講談社学術文庫（一九九七年）に収録されています。

『リカードゥ』は、従来、マーシャルの需給均衡理論の枠組みで理解されてきたリカードの価値論を、スラッファの眼を通して再解釈した斬新なリカード論です。つまり、リカードの「自然価格」は、マーシャルの「需要と供給」の枠組みで長い時間を想定した場合に成立する「長期正常価格」として理解されてきたのですが、リカードからマルクスを経てスラッファへとつながる再生産論の系譜を重視する菱山先生は、リカードの「自然価格」を供給側の投入・産出構造を反映した価格（均等利潤率が成立したときの価格と言ってもよい）として捉え、市場における需要と供給によって決まる「市場価格」とは明確に区別しています。斬新なリカード論で、わが国のリカード解説書にはないものでした。これも優れた「啓蒙書」といってよいと思います。

その後、京都大学経済学部（経済学研究科）のスタッフに加わってまもない頃、菱山先生の『経済セミナー』誌上の連載をまとめるのをお手伝いしましたが、私の提案で各章の終わりに「質疑応答」を加えることになりました。私にとっては、思い出深い本となりました。

菱山泉『ケネーからスラッファへ』（名古屋大学出版会、一九九〇年）

先生は、さらに『経済評論』誌上の連載をまとめましたが、この本は、いまだに、わが国におけるスラッファ研究の最高峰にそびえ立っています。

菱山泉『スラッファ経済学の現代的評価』（京都大学学術出版会、一九九三年）

以上のように、自分にとっての「名著」のつくり方は多様なので、各自の関心に応じて名著の数を増やす努力を積んで下さい。

読書の幅を広げる

私たちは経済学の勉強をしているわけですが、「経済」に関係する本ばかりを読むのは感心できません。経済学も社会科学の一部門である以上、「非経済的」要因にも考慮した本を読んでほしいと思います。

私はたまたま社会学者の清水幾太郎氏と知り合いになったおかげで、社会学の創設者として知られるオーギュスト・コントとJ・S・ミルとの交流（のちにはほぼ絶縁状態になるが）のことを知って、その方面を少し勉強したことがあります。手引書となったのは、次の三冊です。

清水幾太郎『オーギュスト・コント』（岩波新書、一九七八年）
J・S・ミル『コントと実証主義』村井久二訳（木鐸社、一九七八年）
サン＝シモン『産業者の教理問答』森博訳（岩波文庫、二〇〇一年）

経済思想史家の研究は、なぜかコントよりもサン＝シモンに傾いているのですが、吉田静一氏の研究は、サン＝シモンだけでなく、シスモンディやフランス社会にも及んでおり、参考になりました。最近の研究はもっと進んでいますが、自分の経験から語っているので、ご容赦下さい。

吉田静一『フランスの社会と経済』（未來社、一九七五年）
吉田静一『サン・シモン復興』（未來社、一九七五年）
吉田静一『フランス古典経済学研究』（有斐閣、一九八二年）

フランスつながりですが、一時、『自殺論』や『社会分業論』などで有名な社会学者のデュルケムに関心をもって、宮島喬氏の著作や関連文献を読んだことがあります。デュルケムが『自殺論』において「欲望の他律化」について触れているところを読んで、私もすぐガルブレイスの『ゆたかな社会』との類似性に気づいたのですが、当時は菱山先生が結構デュルケムが好きだったので、ときに議論したものでした（先生は、若い頃、経済社会学に関心をもってフランスの社会学関係の文献を渉猟したらしい）。

宮島喬『デュルケム社会理論の研究』（東京大学出版会、一九七七年）
宮島喬『デュルケム理論と現代』（東京大学出版会、一九八七年）
作田啓一『デュルケーム（人類の知的遺産57）』（講談社、一九八三年）

実は、社会学者の清水幾太郎氏から、みずから訳したジンメルの『社会学の根本問題——個人と社会』（岩波文庫、一九七九年）や、ウェーバーの『社会学の根本概念』（岩波文庫、一九七二年）などをいただいていたのですが、ドイツの社会学は、どうも私の肌に合わず、その後の研究にあまり活かすことはできませんでした。一度、「社会学史の通史はどの本がよいですか」と訊いたことがありますが、迷わず、レイモン・アロンの本を挙げてくれました。のちに、なぜか英語版からの日本語訳が出たのですが、もちろん、フランス語で読むようにすすめられました。

Raymond Aron, *Les Étapes de la pensée sociologique*, 1967.

このように、各自の関心に応じて、狭い経済の世界だけに閉じこもらず、それ以外の世界にも積極的に目を向けてほしいと思います。

外国の歴史を学ぶ

私は欧米の経済思想史を専門に選んだので、欧米の歴史には特別の関心をもってきました。とくに、英米の歴史は経済学と深い関係があるので、定評のある文献には注目してきたつもりです。経済学の勉強もあるので、あまり時間がない読者もあるかもしれませんが、現代史の知識は経済思想史研究にとっても必須のものです。

学生の頃は、G・M・トレヴェリアン『イギリス史』大野真弓監訳、全三巻（みすず書房、一九七三―七五年）を読みましたが、いまでは、現代イギリス史の本も増えてきました。そのなかで数冊選ぶとすれば、次になるでしょうか。

ピーター・クラーク『イギリス現代史――1900―2000』西沢保ほか訳（名古屋大学出版会、二〇〇四年）

川北稔『民衆の大英帝国』（岩波書店、一九九〇年）

P・J・ケイン、A・G・ホプキンズ『ジェントルマン資本主義の帝国』全二巻、竹内幸雄・秋田茂訳（名古屋大学出版会、一九九七年）

エリック・ホブズボーム『20世紀の歴史』上・下、河合秀和訳（三省堂、一九九六年。のちに、ちくま学芸文庫、二〇一八年）

クラークは歴史家であると同時にケインズ革命形成史の研究者でもあるので、比較的馴染みのある内容でしたが、川北氏とケイン&ホプキンズの本からは、昔の歴史教育には欠けていた「民衆」の視点や、産業革命を牽引した「世界の工場」というよりは、貴族・大地主・金融筋の利害に配慮した「ジェントルマン資本主義論」という新しい史観に新鮮な関心を抱きました。

ホブズボームは、日本でも有名なマルクス主義の歴史家なので、こちらのほうがマルクス主義の影響が強かった従来の歴史を学んだ人たちにはわかりやすいかもしれません。

アメリカの現代史は、学生の頃、政治外交史が中心でしたが、斎藤眞『アメリカ現代史』(山川出版社、一九七六年)を興味深く読みました。歴史家の書いた本もたくさんありますが、のちにケネディ時代の経済学や経済政策に関心をもったので、有名なジャーナリストの書いた本も挙げておきます。

紀平英作編『アメリカ史』(山川出版社、一九九九年)

デイヴィッド・ハルバースタム『ベスト&ブライテスト』全三巻、浅野輔訳（二玄社、二〇〇九年）

Robert L. Heilbroner and Aaron Singer, *The Economic Transformation of America since 1865*, 1997.

ハルバースタムの本は、拙著『ガルブレイス――異端派経済学者の肖像』（白水社、二〇一六年）を書くときに大変に重宝しました。

ハイルブローナーはわが国でも有名な経済学者ですが、経済思想史にも経済史にも精通した練達の物書きでした。シンガーとの共著も、アメリカの経済思想史を語るときに参考にします。

その他、できるだけ世界の歴史に通じていることが好ましいのですが、それも各自の関心によってみずから開拓していってほしいと思います。

インターネットを活用する

ＰＣやインターネットには詳しくないのですが、現代はやはりインターネットを活用しない手はありません。私も、この十数年、京都大学附属図書館の電子ジャーナルのお世話になってきましたし、電子書籍も人並みには読んでいると思います。

専門の研究とまでいかなくとも、インターネット上に載っている論壇誌から政治・経済・文化などの論説を読んで学ぶことも多いでしょう。私が愛読しているのは、次の二つです。

Project Syndicate
https://www.project-syndicate.org/

Le monde diplomatique
https://www.monde-diplomatique.fr/

Project Syndicate は、著名な経済学者を含めて有名な学者や批評家などがさまざまな時事論説を発表しているウェブサイトです。スティグリッツやスキデルスキーのような経済学者の論説からカレントトピックスを学ぶことも多いのですが、環境問題や世界外交など、劣らず興味深い論説もときにあります。

以上はほんの一例で、例えば世界情勢を知りたい人なら各国政府の諸官庁のウェブサイトに入れば、いろいろな情報が載っているでしょう。使い方は人それぞれだと思います。

【著者】
根井雅弘（ねい まさひろ）
1962年宮崎県生まれ。早稲田大学政治経済学部卒業後、京都大学大学院経済学研究科博士課程修了。経済学博士。現在、京都大学大学院経済学研究科教授。専攻は現代経済思想史。おもな著書に『経済学の歴史』『シュンペーター』（以上、講談社学術文庫）、『ガルブレイス――異端派経済学者の肖像』（白水社）、『サムエルソン「経済学」の時代』（中公選書）、『入門 経済学の歴史』（ちくま新書）、『企業家精神とは何か――シュンペーターを超えて』（平凡社新書）などがある。

平 凡 社 新 書 8 9 3

経済学者はこう考えてきた
古典からのアプローチ

発行日――2018年10月15日　初版第1刷

著者――根井雅弘
発行者――下中美都
発行所――株式会社平凡社
東京都千代田区神田神保町3-29　〒101-0051
電話　東京（03）3230-6580［編集］
　　　東京（03）3230-6573［営業］
振替　00180-0-29639
印刷・製本―株式会社東京印書館
装幀――菊地信義

ISBN978-4-582-85893-8
NDC 分類番号331.2　新書判（17.2cm）　総ページ280
平凡社ホームページ　http://www.heibonsha.co.jp/